LES

PROCÈS DE PRESSE

Depuis la loi du 11 mai 1868

JUSQU'AU 1er JANVIER 1869

EXTRAIT

DU BULLLETIN DE LA COUR IMPÉRIALE DE PARIS

Publié sous la direction de **M. VICTOR BOURNAT**, Docteur en droit
Avocat a la Cour impériale de Paris

PARIS
BUREAU DU BULLETIN, RUE GARANCIÈRE, 5
Derrière Saint-Sulpice

1869

N° 1680.

PRESSE. — FAUSSE NOUVELLE. — BONNE OU MAUVAISE FOI. — TROUBLE À LA PAIX PUBLIQUE.

L'art. 15 du décret du 17 février 1852 modificatif de l'art. 4 de la loi du 27 juillet 1849, punit la publication de la fausse nouvelle, bien qu'elle n'ait pas été faite avec mauvaise foi.

Il suffit, pour constituer ce délit, de la publication d'une nouvelle fausse avec l'intention de la répandre, intention qui résulte virtuellement du fait même de l'insertion de la nouvelle dans un journal.

Le législateur a voulu punir une imprudence qui résulte implicitement de la publication.

La loi interdit la reproduction de nouvelles fausses à titre de bruits *ou de* rumeurs, *alors même que ces* bruits *et* rumeurs *ont réellement circulé.*

Mais la mauvaise foi et la circonstance que la fausse nouvelle est de nature à troubler la paix publique donnent lieu, isolées ou réunies, à des peines plus graves (1re espèce).

La fausseté de la nouvelle résulte de l'instruction et des débats (1re espèce).

Commet le délit de publication d'une fausse nouvelle, le journaliste qui, sur une lettre à lui adressée, affirme des faits dont la fausseté résulte de l'instruction et des débats.

Il est de mauvaise foi, lorsqu'il sait que la nouvelle est fausse (1re espèce) *ou qu'il admet ces faits comme vrais, malgré leur gravité, sans connaître l'auteur de la lettre, sans prendre de renseignements sur sa moralité, sans vérifications sur les lieux, sans se livrer à une enquête sérieuse* (2e espèce), *ou lorsqu'il agit dans son intérêt personnel, sachant qu'il va faire grief à quelqu'un* (3e espèce).

Une nouvelle est de nature à troubler la paix publique, lorsque, par sa nature, par l'insistance de son auteur, elle est de nature à inquiéter les citoyens (2e espèce).

Une nouvelle est fausse, lorsque le temps pour lequel elle a été annoncée est passé sans qu'elle se soit réalisée (3e espèce) (1).

---

(1) Un journal nouveau essayait récemment de caractériser le rôle actuel de la presse, en disant qu'autrefois les journaux ne publiaient une nouvelle qu'autant qu'elle se trouvait d'accord avec leur politique, tandis qu'ils donnent aujourd'hui toutes les nouvelles qui leur parviennent et qu'ils croient vraies. Si tel est le rôle de la presse, elle ne doit pas oublier les dispositions qui la menacent lorsque ses

1re espèce. — Terme et Eyma (*l'Epoque*) c. Min. pub.

21 et 28 novembre 1867.— Chambre correctionnelle.= 21 mars 1868.— Rejet.

M. Terme, gérant, et M. Eyma, rédacteur du journal *l'Epoque*, sont

---

nouvelles sont fausses. Avant le décret du 17 février 1852, aujourd'hui applicable, une loi du 9 novembre 1815, et la loi du 27 juillet 1849, contenaient des dispositions sur les fausses nouvelles.— La loi du 9 novembre 1815, sur *la répression des actes et cris séditieux*, déclare (art. 8) « coupables d'actes séditieux toutes personnes qui répandront ou accréditeront des alarmes touchant l'inviolabilité des propriétés nationales, soit des bruits d'un prétendu rétablissement des dîmes ou des droits féodaux, soit des nouvelles tendantes à alarmer les citoyens sur le maintien de l'autorité légitime et à ébranler leur fidélité. » Elle déclare art. 5) séditieux les cris, discours, écrits par lesquels on tentera d'affaiblir par des calomnies ou des injures le respect dû à la personne ou a l'autorité du roi ou à la personne des membres de sa famille ; soit qu'ils ne contiennent que des provocations indirectes à des délits déterminés dans les art. 5, 6, 7 et 8 de la loi, soit qu'ils donnent à croire que ces délits seront commis, ou qu'ils répandent faussement qu'ils ont été commis (art. 9) ; enfin, aux termes de l'article 10 de cette loi, les auteurs et complices des délits ci-dessus doivent être poursuivis et jugés par les tribunaux correctionnels et punis d'un emprisonnement de cinq ans au plus et de trois mois au moins, et à une amende de 50 à 20,000 fr. D'autres peines, telles que la privation des pensions de retraite, l'interdiction des droits civils par application de l'art. 42 code pénal, la surveillance de la haute police, l'impression et l'affiche du jugement peuvent être prononcées par le tribunal, et la peine est doublée pour les récidivistes. Cette loi n'avait pas été votée par la chambre des pairs sans quelques vives objections. On trouvait notamment inutile et impolitique la disposition de l'art. 8, plus spécialement relatif aux fausses nouvelles ; car, disait un pair, la défiance naît de la multiplicité des précautions, et on ne rassure personne quand on est sans cesse occupé de rassurer. Il lui était répondu par le commissaire du roi : « L'article menace les agitateurs auxquels il veut arracher leur arme la plus dangereuse ; il rassure tout les amis de l'ordre et du repos. Rappelez-vous les jours qui précédèrent le 20 mars ; rappelez-vous ces bruits répandus tout à coup dans les campagnes et qui servirent de précurseurs à l'usurpateur ; ils étaient répandus par ces éternels conspirateurs qui déchirent depuis vingt ans notre malheureuse patrie, et qui, pour parvenir à leur but, emploient toujours les mêmes moyens. » Un pair s'étant étonné de trouver des dispositions sur les abus de la presse dans une loi sur les *actes et les cris séditieux*, le commissaire du roi lui répondit qu'il s'agissait d'une loi de circonstance destinée à pourvoir à l'urgence du moment en donnant aux tribunaux le moyen de réprimer des délits et des crimes qui, quoique appartenant à des catégories différentes, tendent tous au renversement de l'ordre et de la loi (*Moniteur* du 11 novembre 1815). — Après cette loi du 9 novembre 1815, nous trouvons, sous la république, la loi du 27 juillet 1849, dont l'art. 4 porte que la publication ou reproduction faite de mauvaise foi, de nouvelles fausses, de pièces fabriquées, falsi-

prévenus d'avoir, à Paris, le 2 octobre 1867, le premier, publié ou reproduit de fausses nouvelles de nature à troubler la paix publique, le second de s'être rendu complice de ce délit.

---

fiées, ou mensongèrement attribuées à des tiers, lorsque ces nouvelles ou pièces sont de nature à troubler la paix publique, sera punie d'un emprisonnement d'un mois à un an et d'une amende de 50 à 1,000 fr. (*Monit.* des 20 juin, 21, 23, 24, 25, 26, 27 juillet 1849). M. Dufaure, ministre de l'intérieur, dans une circulaire adressée aux préfets, pour l'exécution de cette loi, s'exprimait ainsi sur l'art. 4 : « Jusqu'à ce jour, nos lois n'avaient point prévu par une disposition spéciale et précise la publication ou reproduction de nouvelles fausses, de pièces fabriquées ou mensongères, lorsque cette publication ou cette reproduction est faite de mauvaise foi ou dans le but de troubler la paix publique. Depuis quelques mois, ces détestables expédients ont été trop souvent employés; on a publié ou reproduit de prétendues dépêches télégraphiques, des lettres fausses ou renfermant des détails mensongers et calomnieux, cherchant ainsi à soulever la haine contre le gouvernement et à fomenter des séditions. Vous veillerez à ce que ces actes si dangereux ne se reproduisent pas impunément. Sous la dénomination de correspondance particulière, les journaux des départements publient fréquemment des nouvelles fausses ou controuvées dont les journaux de Paris n'oseraient assumer la responsabilité, et qui presque toujours ne sont l'objet d'aucun démenti. Dans les moments où l'ordre est menacé, ce moyen est l'un de ceux auxquels la malveillance a le plus souvent recours. Appuyés sur les dispositions de l'art. 4 de la loi nouvelle, vous vous attacherez à déjouer de semblables manœuvres. » — Enfin, aux termes de l'art. 15 du décret du 15 février 1852, « la publication ou la reproduction de nouvelles fausses, de pièces fabriquées, falsifiées ou mensongèrement attribuées à des tiers, sera punie d'une amende de 1,000 fr. — Si la publication ou la reproduction est faite de mauvaise foi, ou si elle est de nature à troubler la paix publique, la peine sera de un mois à un an d'emprisonnement et d'une amende de 500 à 1,000 fr. Le maximum de la peine sera appliqué si la publication ou la reproduction est tout à la fois de nature à troubler la paix publique et faite de mauvaise foi. » — M. Abattuci, ministre de la justice, s'exprimait ainsi sur cet article 15 dans une circulaire du 27 mars 1852 : « L'art. 15 sur la publication ou la reproduction de fausses nouvelles contient des dispositions complètes qui ont abrogé l'art. 4 de la loi du 27 juillet 1849 (*Moniteur* du 28 mars) ; » et dans la circulaire du ministre de la police générale, M. de Maupas, on lisait : « L'art. 15, en prononçant des peines contre ceux qui auront publié de fausses nouvelles ou des pièces mensongères, établit une distinction importante entre la reproduction simple et la reproduction de mauvaise foi, ou qui serait de nature à troubler la paix publique. Dans le premier cas, une peine doit toujours être prononcée. Cette disposition pénale a pour but de commander aux journaux la prudence, la réserve, la circonspection qui doivent être la règle essentielle des organes de la publicité ; dans le deuxième cas, la peine est plus grave et s'accroît dans la proportion des dangers qui peuvent résulter d'une publicité essentiellement perturbatrice (*Moniteur* du 3 avril 1852). — C'est l'art. 15 du décret de 1852, ainsi expliqué par

18 octobre 1867, jugement du tribunal correctionnel de la Seine (ch. des vacations) :

« Le tribunal, —Attendu que, dans le numéro du journal *l'Epoque*

---

les circulaires ministérielles, qui régit aujourd'hui la publication des fausses nouvelles. — L'application de cet article a soulevé des difficultés nombreuses, principalement sur les éléments constitutifs du délit, la compétence et l'application des circonstances atténuantes. Nous avons pensé qu'il était utile de rassembler tous les documents de jurisprudence sur ces questions devenues plus que jamais importantes à raison des développements de la presse.

ÉLÉMENTS DU DÉLIT. — Il semble, d'après le § 1er de l'art. 15, que le fait matériel doive être seul pris en considération et que toute publication d'un fait inexact, même de bonne foi, doive constituer le délit de fausse nouvelle. Cette doctrine, présentée par le ministère public devant le tribunal correctionnel de Nantes, a été rejetée le 18 mai 1852. Il s'agissait du *Courrier de Nantes*, qui, dans les faits divers, avait annoncé, que des mariniers avaient vu une femme jeter dans l'Erdre un paquet de linges ensanglantés, le corps d'un nouveau-né, puis disparaître ; et qu'on avait retiré de l'eau le paquet de linge, mais que le cadavre n'avait pas été retrouvé. D'une enquête faite par le commissaire de police, il résultait qu'un paquet de linge avait été jeté dans la rivière, mais que ces taches n'étaient pas des taches de sang, et qu'on n'y avait pas jeté un enfant. M. le procureur impérial, tout en reconnaissant la bonne foi du prévenu, requérait l'application de la loi à ce fait qu'il considérait comme une contravention ; mais le tribunal répondit en acquittant le prévenu. En droit, sans doute, disait-il, il n'est plus nécessaire, d'après le décret de 1852, que la publication d'une fausse nouvelle ait été faite de mauvaise foi ou qu'elle soit de nature à troubler la paix publique, mais la portée du texte d'une loi pénale, si général et si absolu qu'il soit, doit trouver sa limite dans le bon sens et les principes du droit criminel ; le propre des lois pénales est de punir les actes nuisibles à la société ou à un de ses membres ; en l'absence de tout dommage appréciable et même de tout préjudice moral, il ne se conçoit pas qu'il puisse exister un délit ; la publication d'une fausse nouvelle, qui est complétement insignifiante ou qui, par sa nature, ne peut causer un préjudice quelconque, ne saurait tomber sous l'application de la loi pénale ; on peut ici, du moins, par analogie, rappeler la maxime *nullum falsum nisi nocivum ;* en fait, le prévenu à un fait vrai a ajouté des circonstances fausses, à savoir : qu'après le jet par une femme d'un paquet dans la rivière, on avait vu surnager le bras d'un enfant, et que deux petites chemises avaient été repêchées ; mais ces additions ne sont pas susceptibles d'occasionner un préjudice quelconque ; elles ne font pas peser sur la police un reproche de négligence dans la poursuite des délits puisqu'il s'agit d'un fait tout récent. (*Gazette* du 1er juin 1853.) — Le 13 août 1853, le tribunal correctionnel de Rennes jugeait comme celui de Nantes : Il n'existe pas de délit sans intention de nuire, disait-il (*Gazette* du 20 août) ; l'art. 15 du décret de 1852 n'a pas eu pour but de punir toutes nouvelles fausses, mais seulement celles qui sont publiées dans une intention méchante envers le pouvoir, la société ou des individus ; s'il en était autrement le du 2 octobre dernier, Terme, gérant responsable, a publié à Paris un article intitulé : *La dernière heure*, qui commence par ces mots : « Des renseignements nous arrivent, » et finit par ceux-ci : « La Prusse

---

ministère public poursuivrait toutes les nouvelles fausses de leur nature, ce qu'il ne fait pas ; les tribunaux ont comme le ministère public le droit et le devoir d'apprécier la nature des nouvelles fausses dont les auteurs leur sont déférés et l'intention qui leur a fait publier ces nouvelles. Nous ne savons si le jugement du tribunal de Nantes a été déféré à la cour de Rennes, mais cette cour a eu à statuer par appel du ministère public sur le jugement du tribunal de Rennes, qu'elle a infirmé. Le décret de 1852, dit-elle (*Gazette* du 6 sept. 1853), a introduit une dispostion entièrement nouvelle et dont la généralité exclut toute exception ; il réprime et punit toutes nouvelles fausses imprudemment ou légèrement éditées. — *Faut-il pour commettre le délit de publication de fausses nouvelles, publier un fait nouveau?* Ce n'est pas nécessaire, dit le tribunal correctionnel de la Seine dans un jugement du 12 juin 1858, rendu contre Proudhon, prévenu d'avoir dit dans un de ses ouvrages que, sous l'inspiration du clergé, s'accomplissait une épuration générale auprès de laquelle les épurations de Robespierre ne seraient qu'un jeu, et qu'il avait été dressé des listes pour une première fournée de 40,000 individus; que les sœurs de charité avaient négligé en Crimée les malades qui ne se confessaient pas. Pour motiver la condamnation de Proudhon, à raison de la publication de ces faits, reconnus faux, même par le prévenu, ce tribunal disait : Les termes du décret de 1852 sont généraux ; ils punissent toute publication de faits faux sans imposer la condition que le fait soit présenté comme actuel au moment de la publication ; le législateur n'a pu vouloir distinguer entre le cas où le fait publié vient de se passer et celui où un certain temps s'est écoulé depuis que ce fait s'est produit, puisque dans les deux cas est égal le danger que veut conjurer le décret, c'est-à-dire la conséquence de la propagation de la nouvelle fausse. Le législateur s'est préoccupé surtout du caractère nuisible de la nouvelle. — La circonstance que la *nouvelle* publiée par le journal était déjà répandue dans le public, ne suffit pas pour disculper le journaliste qui sans vérification sérieuse et avec légèreté l'a accueillie dans son journal. C'est ce qui est jugé par un des arrêts que nous rapportons et ce qui avait été déjà jugé par le tribunal correctionnel de la Seine, le 27 décembre 1861 (*Gazette* et *Droit* du 29 décembre), contre le journal *le Temps*, qui avait annoncé que dans une maison d'éducation religieuse du faubourg Saint-Germain, une pensionnaire avait été mortellement blessée, ou tout au moins défigurée par un coup de pistolet. La supérieure de cette maison déclarait que quinze jours avant cette publication, des personnes de toutes classes et de divers quartiers lui avaient parlé dans les mêmes termes de ce fait trop facilement accueilli par le journal. — *Il faut que la nouvelle porte sur des faits accomplis, dont on puisse apprécier la fausseté ou la vérité.* En conséquence, celui qui répand des *pronostics* ou *prédictions* ne se rend pas coupable du délit de publication de fausse nouvelle. C'est ce qui résulte de deux arrêts de la cour de Rennes et de la Cour de cassation. Un chiffonnier, parcourant la campagne dans l'exercice de son métier, et voulant se rendre in-

« est prête à relever tout défi; » — Que Xavier Eyma s'est reconnu l'auteur dudit article et l'a signé; — Attendu qu'on trouve dans cet article les entrefilets suivants : « Le bruit a circulé aujourd'hui et d'une

---

téressant pour se faire délivrer gratuitement des aliments, avait répandu dans une commune des *pronostics* tendant à faire croire aux habitants que les denrées augmenteraient beaucoup à dater d'une certaine époque, que les prix baisseraient à une autre, et que l'on devait en conséquence se régler sur ces pronostics; il avait ajouté que les prêtres, qui avaient d'abord porté des bonnets pointus, qui portent aujourd'hui des bonnets carrés, porteraient en 1862 des bonnets rouges; qu'à cette époque les églises seraient fermées; que les prêtres seraient tourmentés et obligés de se cacher; que le gouvernement serait changé. Ce prétendu prophète était traduit devant le tribunal correctionnel de Quimper, qui, trouvant sa conduite très-répréhensible, mais partant de ce principe qu'on ne peut étendre les dispositions des lois répressives, refusait d'appliquer à des pronostics, qui peuvent ou ne peuvent pas se réaliser, la loi faite contre la publication ou la reproduction des fausses nouvelles. Ce jugement était confirmé par la cour de Rennes, le 30 mai 1860 (*Gazette* du 7 juin), et le pourvoi contre cet arrêt était rejeté par la Cour de cassation, par le motif que l'arrêt attaqué dans aucune de ses appréciations souveraines des faits ne constatait que le prévenu eût annoncé ou même laissé entendre que ses pronostics et prédictions étaient fondées sur des données actuelles ou déterminées (*Bulletin criminel*, 1860, p. 252). — *Le décret de* 1852 (art. 15, § 1) *ne s'applique qu'aux nouvelles proprement dites.* L'appréciation erronée d'un fait par le journaliste qui le publie ne peut, lorsque ce fait est vrai en lui-même, et que d'ailleurs cette appréciation n'est pas de nature à en changer le caractère, constituer une fausse nouvelle (cassation, 8 juillet 1853, *Bulletin criminel*, 1853, p. 372); mais le journaliste qui, appréciant l'intervention d'un préfet dans un fait, dénature ses actes, ne peut prétendre s'être renfermé dans les limites d'une appréciation critique de quelques circonstances accessoires d'un fait vrai et peut être poursuivi pour publication d'une fausse nouvelle. (Rejet, 24 février 1854, *Gazette* du 25 février et *Bulletin criminel*, 1854, p. 93.) Il en est de même du journaliste auteur d'un article qui, par ses détails circonstanciés et précis, offre tous les caractères d'une nouvelle, et qui est d'ailleurs publié avec la qualification de nouvelle (Rejet, 30 janvier 1858, *Gaz.* du 3 fév.). — Un simple mensonge ou une opinion erronée ne constitue pas une fausse nouvelle (Rej., 15 déc. 1865, *Bull. criminel*, 1865, p. 383). — Une fausse nouvelle peut en même temps constituer une diffamation. Le ministère public peut, dans ce cas, poursuivre le délit de publication ou de reproduction de fausse nouvelle; son action est indépendante de celle qui appartient au diffamé (Rejet, 30 janv. 1858, *Gaz.* du 3 fév.). Cette doctrine de la Cour de cassation qui croit possible de trouver dans le même acte le délit de diffamation et celui de fausse nouvelle n'a pas prévalu sans résistance. Le 11 février 1864, un arrêt de la Cour impériale d'Angers a été cassé pour n'avoir pas appliqué cette doctrine dans les circonstance suivantes : Marie Foucault était prévenue d'avoir, peu d'instants après que la police eut retiré un cadavre d'une carrière, raconté dans une boutique, en pré-

« manière assez persistante pour que notre devoir soit de le signaler « qu'un traité offensif et défensif aurait été signé entre la France et « l'Italie. — M. Rouher part ce soir pour Biarritz, où se trouve déjà

---

sence d'une autre personne, que cet inconnu avait été tué par les femmes Delières et Lesage, qui l'avaient dévalisé ; ce récit avait amené l'arrestation de ces deux femmes dont l'innocence fut bientôt constatée par la justice et reconnue par Marie Foucault elle-même, qui finit par avouer qu'elle avait voulu par cette imputation mensongère, se venger des coups que ces femmes lui avaient portés. Prévenue d'avoir, de mauvaise foi, publié une fausse nouvelle, elle fut acquittée par la cour d'Angers, par l'unique motif que des propos intéressant uniquement la probité et l'honneur de tierces personnes ne pouvaient constituer qu'un délit de diffamation et jamais le délit de fausse nouvelle. Mais la Cour de cassation, sur le pourvoi formé contre cet arrêt, a jugé, en droit, que la transformation mensongère d'une mort accidentelle en un assassinat, précédé de vol, peut devenir l'élément du délit de fausse nouvelle, si le récit, même verbal, se produit dans des circonstances de nature à le constituer, s'il est fait avec l'intention de mettre la nouvelle en circulation, et si ce but a été atteint; que rien ne s'oppose a ce que le même acte soit réprimé par deux dispositions pénales différentes, l'une atteignant le fait considéré comme diffamation, l'autre l'atteignant comme délit de fausse nouvelle (*Bulletin criminel*, 1864, p. 62. Voir aussi tribunal correctionnel de la Seine, 27 décembre 1861 ; *Droit* et *Gazette* du 29 décembre). — Nous venons de citer un arrêt qui applique le décret de 1852 à la fausse nouvelle publiée par la parole. C'était une question controversée de savoir si ce décret est spécial aux fausses nouvelles publiées par la presse. Aujourd'hui la jurisprudence est fixée en ce sens que ce décret atteint la fausse nouvelle, quel que soit son mode de publication, qu'elle soit publiée par la presse ou la parole (Douai, 24 août 1853 ; Dal., 1853, 2, 237 ; cassation, 28 avril 1854; *Gazette* du 5 mars, *Bulletin criminel*, 1854, p. 213). Rejet 29 septembre 1854 ; *Bulletin criminel*, 1854, p. 482 ; cassation, 8 décembre 1854 ; rejet, chambres réunies, 13 mars 1855, conclusions contraires de M. le premier avocat général Nicias Gaillard, Dalloz. 55. 1. 138, *Bulletin criminel*, 1855. 1. 161. — Aux termes de ce dernier arrêt les dispositions du décret du 17 février 1852 organique sur la presse sont générales ; les mots publication ou reproduction de nouvelles fausses employés par l'art. 15 de ce décret, sans qu'on les ait définies ni restreintes, expriment dans leur sens naturel et leur acception commune, l'action par laquelle on rend d'une manière quelconque une fausse nouvelle publique et notoire, par laquelle elle est semée dans le public, ainsi que le dit pour des cas analogues l'art. 419 du code pénal ; il suffit pour que l'article 15 soit applicable, que les fausses nouvelles aient été publiées ou reproduites par quelque mode que ce soit, sous ces deux conditions essentielles à l'existence du délit, l'intention et la volonté de les publier et la publication réellement effectuée. Par application de ces principes, la cour juge dans cet arrêt que les paroles produites sous la forme d'une simple conversation dans la maison d'un agriculteur, où se trouvent accidentellement trois personnes, ne peuvent fournir les éléments d'un délit de publication d'une fausse nou-

« M. de la Valette; on dit, en outre, que Drouin de Lhuys a été également mandé auprès de l'Empereur. — On nous assure que M. le « maréchal Niel et l'amiral Rigault de Genouilly ont eu de longues « conférences avec l'Empereur, et que c'est à la suite de ces conférences avec l'Empereur que les divers personnages que nous citons

velle. La cour d'Orléans avait, le 25 janvier 1854, considéré comme punissable la publication d'une fausse nouvelle par la voie d'une simple conversation dans un appartement en présence de deux personnes (Dalloz, 1854. 5. 592). Mais la cour de Paris ayant eu à juger cette question le 25 juin 1858 (ch. cor., M. Monsarrat, présid.; M. Saillard, rap.; M. Barbier, avoc. gén.; *Gazette* du 27 juin), a, comme la Cour de cassation, refusé de trouver dans une simple conversation les éléments suffisants d'un délit de publication d'une fausse nouvelle : Un marchand d'échalas, se trouvant pour son commerce chez un propriétaire, s'était livré, après la conclusion d'un marché, avec lui et deux autres individus, à quelques libations, à travers lesquelles il avait cru entendre annoncer par ce propriétaire, qui les aurait lues dans les journaux, les nouvelles les plus inquiétantes : quatre grandes puissances avaient déclaré la guerre à la France; nos ambassadeurs avaient été obligés de partir, et 40 à 50,000 Prussiens avaient déjà envahi la frontière. Ce marchand revient chez lui vivement impressionné de ces faits qu'il communique au maire; celui-ci, troublé à son tour, va s'enquérir près du brigadier de gendarmerie; une instruction a lieu, et des renseignements confus qu'on obtient des quatre buveurs il résulte que le prétendu nouvelliste, ancien militaire du premier empire, a parlé des guerres de cette époque, de la campagne de France, et que l'impressionnable marchand a confondu les époques. Néanmoins, M. le procureur impérial de Vitry-le-François croit trouver dans cette conversation les éléments d'un délit. Le tribunal de cette ville acquitte le prévenu, par le motif que les propos qui lui sont attribués se sont produits dans sa maison sous la forme d'une simple conversation, en présence de trois personnes accidentellement réunies et dont une affirme même n'avoir rien entendu; qu'il n'a nullement manifesté l'intention de propager ultérieurement ses paroles, devenues publiques seulement par le fait du marchand, qui avait eu tort de les prendre au sérieux, et du maire trop prompt à s'inquiéter et à faire partager ses inquiétudes au brigadier. Sur l'appel de M. le procureur impérial, M. l'avocat général Barbier s'en est rapporté à sagesse de la cour qui a confirmé la sentence.

Compétence. — En matière de publication ou de reproduction de nouvelles fausses, le lieu du délit est celui où la nouvelle est publiée ou reproduite ; spécialement, le délit commis à Paris par des journaux qui s'impriment dans cette ville peut être commis consécutivement dans une autre ville où ils sont distribués et où ils peuvent être poursuivis. (Amiens, 24 décembre 1857; rejet, 30 janvier 1858, *Gazette* du 3 février.)

Circonstances atténuantes. — L'art. 463 du code pénal sur les circonstances atténuantes est applicable au délit de publication ou de reproduction de fausses nouvelles par la presse, ou par la parole. (Rejet, 28 avril 1854, *Gazette*, 6 mai, et *Bulletin criminel*, 54, p. 214.)

« ont été appelés à Biarritz. Le bruit a couru que le prince Napoléon « avait quitté Paris pour se rendre à Biarritz; nous ne sommes pas en « mesure de confirmer ce bruit; » — Attendu que ces nouvelles ont été officiellement démenties dans un *communiqué* adressé au journal *l'Epoque*, et qui a été inséré dans ses colonnes; — Qu'elles sont donc fausses;—Attendu que lesdites nouvelles étaient de nature à troubler la paix publique; — Qu'en effet, paraissant devancer les communications du gouvernement, elles présentaient à l'opinion publique, comme résolue, une question de paix ou de guerre; — Qu'ainsi lancées dans le monde politique et financier, leur signification n'était douteuse pour personne, non plus que l'effet qu'elles devaient produire; — Que ce trouble à la paix publique, facile à prévoir, a été réellement produit; — Que, dès lors, il y a lieu de faire application de l'art. 15 du décret du 17 février 1852; — Attendu que ce décret est l'œuvre du législateur de 1852, agissant dans la plénitude de ses pouvoirs; qu'il a le caractère d'une loi organique, essentiellement d'ordre public, et qu'à aucun point de vue on ne saurait en repousser l'application comme loi d'exception tombée en désuétude; — Que ce moyen de défense est inadmissible; — Attendu que les dispositions de l'art. 15 de ce décret sont claires, nettes et précises; qu'il n'appartient point au tribunal d'y ajouter, en précisant, des conditions spéciales constitutives du délit prévu et puni par le § 1er dudit article; — Que, sur ce point, son appréciation reste soumise aux principes généraux d'application des lois pénales; — Que ce second moyen de droit ne peut être admis; — Attendu que les formules employées et les précautions prises pour publier les fausses nouvelles incriminées ne font point disparaître le délit; que, néanmoins, il y a lieu de prendre en considération les moyens de défense présentés par les prévenus eux-mêmes dans l'instruction et dans leur interrogatoire à l'audience; — Qu'en effet, ils ont déclaré n'avoir agi dans aucune intention d'hostilité envers le gouvernement, non plus que dans un intérêt de spéculation; — Attendu que les faits étant ainsi caractérisés et appréciés, et le droit rétabli, il en résulte qu'en publiant l'article incriminé, Terme s'est rendu coupable du délit prévu et puni par l'art. 15 du décret du 17 février 1852, et que Xavier Eyma, en fournissant ledit article à Terme, sachant qu'il devait être publié, s'est rendu complice de ce délit, complicité prévue et punie par l'article précité du décret et les articles 59 et 60 du code pénal; — Condamne Terme et Eyma chacun en 1,000 fr. d'amende, et tous deux solidairement aux dépens. »

Appel par MM. Terme et Eyma.

« La Cour, — Considérant que le décret organique sur la presse, du 17 février 1852, a été pris dans les limites des pouvoirs qui appartenaient à ce moment au chef du gouvernement ; — Qu'il a, par conséquent, force de loi et qu'il a constamment été exécuté depuis sa promulgation ; — Considérant que l'article 4 de la loi du 29 juillet 1849 ne punissait la publication de fausse nouvelle que lorsque cette publication avait été faite de mauvaise foi ; — Que cet article a été modifié par l'article 15 du décret du 17 février 1852 ; — Que ce dernier article atteint la publication ou la reproduction de fausse nouvelle, encore bien que la publication n'ait pas été faite avec mauvaise foi ; — Que la mauvaise foi qui a pu accompagner la publication ou les circonstances que la fausse nouvelle était de nature à troubler la paix publique donnent lieu, isolées ou réunies, à des peines plus graves ; — Qu'il suit de là que le fait seul de la publication ou de la reproduction d'une fausse nouvelle est réprimé par la loi ; — Considérant que l'article incriminé, publié dans le numéro du journal *l'Epoque* du 2 octobre 1867, contient les nouvelles suivantes : — « Le bruit a couru aujourd'hui qu'un traité offen- « sif et défensif avait été conclu hier entre la France et l'Italie. — « M. Rouher part ce soir pour Biarritz, où se trouve déjà M. de la « Valette ; on dit en outre que M. Drouyn de Lhuys a été également « mandé auprès de l'Empereur. — On nous assure que MM. le ma- « réchal Niel et l'amiral Rigault de Grenouilly ont eu de longues « conférences avec l'Empereur, et que c'est à la suite de ces confé- « rences que ces divers personnages que nous citons ont été appelés « à Biarritz. — Le bruit a couru que le prince Napoléon avait quitté « Paris pour se rendre à Biarritz. » — Considérant qu'il résulte de l'instruction et des débats que ces nouvelles étaient fausses ; — Que, par l'agitation et les inquiétudes qu'elles pouvaient produire dans les esprits, elles étaient de nature à troubler la paix publique ; — Considérant qu'il est donc prouvé qu'en 1867, à Paris, Terme a publié des nouvelles fausses de nature à troubler la paix publique ; — Que Eyma s'est, à la même époque et au même lieu, rendu complice de ce délit en fournissant à Terme les articles qui devaient servir au délit, sachant qu'ils devaient y servir, en l'aidant et assistant avec connaissance dans les faits qui ont préparé, facilité et consommé le délit ; — Délit prévu par les articles, 15 du décret du 17 février 1852, 59 et 60 du Code pénal, insérés au jugement ; — Considérant qu'il existe des circonstances atténuantes en faveur des deux prévenus ; — Vu les dispositions de l'article 463 du Code pénal, — Ordonne que le jugement dont est appel sortira son effet ; — Condamne les appelants aux dépens ; — Fixe à quatre mois la durée de la contrainte par corps contre chacun des condamnés, s'il y a lieu de l'exercer. »

M. Saillard, pr.; M. Bondurand, rap.; M. Genreau, av. gén.; Mes Allou et Laya, avocat.

Pourvoi de MM. Terme et Ayma.

« La Cour, — sur le moyen unique, tiré de la fausse application de l'art. 15 du décret du 17 fév. 1852 : — Attendu que cet article caractérise et réprime le délit de fausses nouvelles par trois dispositions : la première, qui punit d'une amende de 50 à 1,000 fr. la publication ou la reproduction d'une nouvelle fausse ; la deuxième et la troisième, qui aggravent cette peine, en prononçant un emprisonnement d'un mois à un an et une amende de 500 à 1,000 fr., quand la publication a été faite de mauvaise foi ou qu'elle est de nature à troubler la paix publique, et le maximum de l'emprisonnement et de l'amende, quand ces deux circonstances se trouvent réunies ; que la mauvaise foi est donc, non pas un élément constitutif, mais seulement une circonstance aggravante du délit ; — Qu'on ne peut, par suite, subordonner, comme le demande le pourvoi, l'existence du délit à la condition que l'inculpé aurait su, en la publiant, que la nouvelle était fausse, puisque cette circonstance impliquerait par elle-même la mauvaise foi ; — Qu'on est forcément amené à reconnaître que l'art. 15 modifie, en cette matière, la nature de l'élément intentionnel constitutif des délits ordinaires, et qu'il exige uniquement, pour que le délit prévu par sa première disposition soit légalement constitué, qu'à l'élément matériel de la publication d'une nouvelle fausse vienne se joindre l'élément moral de l'intention de la répandre ; — Que cette intention, d'ailleurs, résulte virtuellement du fait même de l'insertion de la nouvelle dans un journal ; — Attendu qu'en statuant ainsi, le législateur a voulu atteindre et qu'il punit réellement la faute, l'imprudence d'un journaliste qui hasarde témérairement l'annonce d'une nouvelle qui sera plus tard reconnue fausse, lorsque cette faute peut causer un préjudice à des intérêts publics ou privés ; que c'est dans cette faute, dont le résultat était un dommage possible, que réside la moralité, la criminalité de ce délit ; — Attendu que l'imprudence n'a pas besoin d'être, comme le voudrait le pourvoi, textuellement déclarée par l'arrêt ; qu'elle résulte implicitement de la publication et de la fausseté de la nouvelle ; — Attendu que les demandeurs prétendent vainement que l'art. 15 ne saurait être appliqué lorsque le journaliste a reproduit les nouvelles fausses à titre de *bruits* ou de *rumeurs* et que ces *bruits* et *rumeurs* ont réellement circulé ; que l'art. 15, en effet, défend non-seulement la publication, mais encore la *reproduction* ; que le mot *reproduction* implique *répétition* de ce qui a déjà été dit ; que l'article ne distingue pas si la nouvelle a déjà été dite par un nombre plus ou moins considérable de personnes ; qu'il ne se préoccupe pas de savoir si elle est parvenue à l'état de rumeurs ; qu'il en prohibe la reproduction d'une manière générale et dans tous les cas ; — Attendu qu' il est déclaré en fait, par l'arrêt attaqué, qu'il résulte de l'instruction et des débats que les nouvelles publiées dans l'article incriminé du numéro du journal *l'Epoque* du 2 oct. 1867, dont Terme est le rédacteur en chef et le gérant, sont fausses, et que, par l'agitation et les inquiétudes qu'elles pouvaient produire dans les esprits, elles étaient de nature à troubler la paix publique ; qu'il est en même temps declaré que Eyma, signataire de l'article, s'est rendu complice du délit, en fournissant à Terme l'article qui a servi à l'action, sachant qu'il devait y servir, et en aidant, assistant ledit Terme, avec connaissance, dans les faits qui ont préparé, facilité ou consommé le délit ; — D'où il suit que l'arrêt attaqué, loin de faire une fausse interprétation de l'art. 15 précité, a justement et sainement appliqué la seconde disposition dudit article au fait de reproduction de fausses nouvelles qu'il constate ; — Rejette. »

M. Legagneur, f. f. de pr. ; M. Salneuve, rap. ; M. Bédarrides, av. gén. ; Me Gigot, avocat.

2e espèce. — Le *Courrier français* c. le Min. pub.

21 février 1868. — Chambre correctionnelle.

MM. Lepage, gérant, Vermorel, rédacteur, et Dubuisson, imprimeur du *Courrier français*, sont prévenus d'avoir publié, de mauvaise foi, une fausse nouvelle de nature à troubler la paix publique et d'avoir diffamé les agents de la force publique pour des faits relatifs à leurs fonctions.

17 janvier 1868, jugement du tribunal correctionnel de la Seine

(6e ch. — M. Delesvaux, pr.; M. Lepelletier, subst.; Me Laurier, avocat) :

« Le tribunal, — Attendu que, dans le numéro du journal le *Courrier français* du 31 décembre 1867, Lepage, gérant, a publié, à Paris, un article intitulé : « La liberté individuelle et la police, » et signé Vermorel; — Attendu que, dans cet article, l'auteur, annonçant qu'il a reçu une lettre de « L. Richefeu, » graveur, qui lui a signalé les vexations inouïes dont il a été victime, affirme comme « certain » que, « mardi, en l'absence dudit Richefeu, deux sergents de ville et un « brigadier sont venus faire une perquisition en son domicile, et y ont « pénétré en faisant retirer la serrure de la porte d'entrée, de sorte « que, pendant toute la journée et toute la nuit qui a suivi, cette porte « est resté ouverte; — Que le lendemain, mercredi, deux sergents de « ville sont venus chercher chez lui M. Richefeu pour le conduire chez « le commissaire de police; qu'il a résisté et qu'il a été arrêté hors le « cas de flagrant délit; » — Attendu que ces divers faits, ainsi affirmés, constituent une nouvelle; — Attendu qu'il résulte de l'instruction et des débats que cette nouvelle, dans tous les éléments dont elle a été composée, est fausse; — Que, par la nature des énonciations qu'elle contient, par l'insistance de l'auteur dans ses affirmations, elle est de nature à inquiéter les citoyens, c'est-à-dire à troubler la paix publique; — Attendu que ledit auteur, en admettant comme vrais des faits aussi graves que ceux énoncés, et ce, sans connaître l'auteur de la lettre, sans prendre des renseignements sur sa moralité, sans vérifier sur les lieux l'exactitude des renseignements, sans se livrer à une enquête sérieuse, a agi de mauvaise foi; — Que cette mauvaise foi ressort encore de l'ensemble de l'article, des insinuations qui s'y trouvent, du titre même sous lequel il se produit et des efforts tentés pour accentuer davantage les attaques dirigées contre les agents de l'autorité; — Attendu que, dans le même article, et notamment dans le passage commençant par ces mots : « Mais ce qui achève de rendre le « procédé tout à fait injustifiable, » l'auteur impute aux agents de l'autorité et de la force publique, agissant dans l'exercice de leurs fonctions, « d'avoir commis une effraction au domicile de Richefeu, de « s'être livrés, sans mandat et par excès de zèle ou par un abus arbi- « traire, à une visite domiciliaire chez un citoyen, en son absence; » — Attendu que ces imputations portent atteinte à l'honneur et à la considération desdits agents; — Qu'elles ont été faites dans l'intention de nuire; — Attendu qu'en publiant l'article incriminé, Lepage s'est rendu coupable des délits prévus et punis par les art. 15 du décret du 17 février 1852 et 16 de la loi du 17 mai 1819; — Attendu que Vermorel a livré ledit article à Lepage, sachant qu'il devait être publié, et qu'il a ainsi aidé et assisté avec connaissance l'auteur de l'action dans les faits qui l'ont préparée, facilitée et consommée; — Que Dubuisson a imprimé le numéro du journal le *Courrier français* du 31 décembre 1867; qu'il a ainsi aidé et assisté avec connaissance l'auteur de l'action, etc., etc.; — Qu'en agissant ainsi ils se sont rendus complices des délits dont Lepage s'est rendu coupable, complicité prévue par les art. 59 et 60 du code pénal et les articles des décret et loi précités; — En faisant application, — Condamne Lepage en 1,000 fr. d'amende, Vermorel en un mois de prison, 1,500 fr. d'amende, et Dubuisson en 300 fr. d'amende. »

Appel par MM. Lepage et Vermorel.

« La Cour, — Adoptant, etc.; — Confirme. »

M. Saillard, pr.; M. Desmaze, rap.; M. Aubépin, av. gén.; Me Laurier, avocat.

3e espèce. — David (*l'Union des Actionnaires*) c. Min. Pub.

1er octobre 1868. — Chambre correctionnelle.

M. David, directeur de l'*Union des Actionnaires*, est prévenu d'avoir publié une fausse nouvelle.

28 août 1868, jugement du tribunal correctionnel de la Seine (6e chambre. M. Delesvaux, pr.; M. Angot des Rotours, subst.; Me Gournot, avocat.) :

« Le tribunal, — Attendu que David a publié, en 1868, à Paris, un prospectus intitulé : *Obligations de la ville de Paris, nouvel emprunt* 1868 ; — Que, dans ce prospectus, il annonce que la ville de Paris va émettre une nouvelle série d'obligations, au nombre de neuf cent mille ; que, dans la formule qu'il propose pour expliquer cet emprunt, il en développe les conditions, dit que les souscriptions sont ouvertes à partir du 15 juillet 1868, que le premier tirage des lots aura lieu le 1er novembre prochain, et que les versements s'échelonneront à partir du 5 août jusqu'au 15 février 1872 ; — Attendu que le 15 juillet est passé et qu'aucun emprunt direct par obligations n'a été ouvert par la ville de Paris ; — Que dès lors la nouvelle donnée par David est fausse ; — Attendu qu'il a agi dans son intérêt personnel en lançant le prospectus incriminé, sachant qu'il pouvait ainsi faire grief aux intérêts de l'administration ; — Que la circonstance aggravante de mauvaise foi est donc établie contre lui ; — Que, dès lors, en agissant ainsi, il s'est rendu coupable du délit prévu et puni par l'article 15 du décret du 17 février 1852 ; — Faisant application, — Le condamne à un mois d'emprisonnement, 1,000 francs d'amende ; fixe à six mois la durée de la contrainte par corps ; — Et le condamne aux dépens. »

Appel par M. David, qui fait défaut.

« La Cour, — Adoptant, etc., — Confirme (1). »

M. Saillard, pr.; M. Dufour, rap.; M. Thomas, subst.

N° 1681.

PRESSE. — ASSEMBLÉES LÉGISLATIVES. — COMPTE RENDU. — DISCUSSION. — APPRÉCIATION.

Les journaux peuvent discuter et apprécier les débats des chambres législatives, mais il leur est défendu de publier un compte rendu des séances, même fidèle et impartial, si ce n'est point le compte rendu in extenso, *ou le compte rendu analytique* (Constitution du 14 janvier 1852, art. 42; sénatus-consultes du 2 décembre 1852 et du 2 février 1861).

La publication d'un compte rendu infidèle, de mauvaise foi ou contenant des outrages reste passible des peines édictées par la loi du 25 mars 1822 (art. 7).

La Constitution et les sénatus-consultes ont voulu proscrire les articles qui, destiné à remplacer le récit officiel, ne contiennent qu'un récit plus ou moins abrégé des séances sans aucune appréciation ou discussion, et les articles dans lesquels, ne se bornant pas à reproduire les débats des chambres pour les nécessités de l'appréciation de la discussion, on présente un récit assez étendu pour équivaloir à un compte rendu et dispenser de recourir au compte rendu officiel.

C'est aux tribunaux qu'il appartient d'apprécier dans chaque affaire si les énonciations de l'article poursuivi présentent à un degré punissable le caractère du compte rendu.

Cette appréciation est soumise au contrôle de la cour de cassation.

L'avenir national, le Temps, la France, les Débats, l'Union, le Journal de Paris, l'Opinion nationale, l'Intérêt public, le Glaneur d'Eure-et-Loir c. Min. pub.

3 avril 1868. — Chambre correctionnelle. = 2 et 3 juillet 1868. — Cassation et Rejet.

Neuf journaux : l'*Avenir national, le Temps, la France, les Débats, l'Union, le Journal de Paris, l'Opinion nationale, l'Intérêt public, le Glaneur d'Eure-et-Loir*, prévenus d'avoir contrevenu aux dispositions de l'art. 42 du décret du 17 février 1852 relatives au compte rendu des séances des Chambres, ont interjeté appel des ju-

(1) L'opposition formée par M. David à cet arrêt par défaut, a été déclarée non avenue (arrêt du 21 janvier 1869).

gements du tribunal correctionnel de la Seine (6e ch.), qui les a condamnés chacun à 1,000 fr. d'amende. La Cour a statué le 3 avril 1868 par les neuf arrêts suivants :

1° L'*Avenir national :*

« La Cour, — Statuant sur l'appel interjeté par Peyrat du jugement du tribunal correctionnel de la Seine, du 25 janvier 1868 : — Considérant que la loi du 25 mars 1822 prévoit et punit, par son art. 7, l'infidélité, la mauvaise foi ou l'outrage dans les comptes que les journaux rendent des séances des Chambres; — Que ces dispositions n'ont pas paru suffisantes au législateur; que l'art. 42 de la Constitution du 14 janvier 1852 a statué que le compte rendu des séances du Corps législatif ne consisterait que dans la reproduction du procès-verbal dressé par le président du Corps législatif; — Que des modifications à cet article furent apportées par le sénatus-consulte du 2 décembre 1852 et principalement par le sénatus-consulte du 2 février 1861 ; — Qu'aux termes de ce dernier sénatus-consulte, les débats des séances du Sénat et du Corps législatif sont reproduits par la sténographie et insérés *in extenso* dans le journal officiel du lendemain ; — Qu'en outre, les comptes rendus de ces séances, rédigés par les secrétaires rédacteurs placés sous l'autorité du président, sont mis chaque soir à la disposition de tous les journaux; — Que le sénatus-consulte du 2 février 1861, reproduisant les dispositions de l'art. 42 de la Constitution, prescrit que le compte rendu des séances du Sénat et du Corps législatif par les journaux ne consistera que dans la reproduction des débats insérés *in extenso* dans le journal officiel ou du compte rendu rédigé par les secrétaires rédacteurs ; — Que cette disposition impérative trouve sa sanction dans l'art. 14 du décret organique sur la presse du 17 février 1852; — Considérant que cet ensemble de prescriptions a eu pour objet de faire disparaître ces comptes rendus qui, sans aller jusqu'à l'infidélité, la mauvaise foi ou l'outrage, étaient cependant dénigrants et satiriques, ou louangeurs sans mesure, et dénaturaient ainsi aux yeux du pays la vérité des débats des assemblées législatives; — Qu'il est reconnu toutefois que ces dispositions ne mettent point obstacle à la discussion et à l'appréciation par les journaux des débats des Chambres législatives, mais que le droit de discussion et d'appréciation doit se concilier avec la défense absolue de publier un compte rendu des séances du Sénat et du Corps législatif qui ne serait point, soit le compte rendu *in extenso*, soit le compte rendu analytique ; — Que le sénatus-consulte du 2 février 1861 n'a pas voulu seulement proscrire les comptes rendus infidèles, de mauvaise foi, ou contenant des outrages ; qu'en effet, les dispositions de la loi du 25 mars 1822, toujours en vigueur, suffisaient pour atteindre ce résultat ; que le sénatus-consulte a eu pour but de prohiber ces comptes rendus qui tendraient à se substituer aux comptes rendus officiels et qui, sans infidélité, sans mauvaise foi et sans outrage, ne présenteraient cependant qu'une reproduction incomplète, défigurée, subordonnée aux opinions du journaliste, des débats des assemblées législatives ; — Que la mission donnée aux tribunaux chargés d'appliquer les lois est de déterminer, en vue de chaque fait, si l'article incriminé n'a reproduit les débats des Chambres que pour les nécessités de la discussion, ou si, au contraire, l'article présente une narration des faits qui se sont passés aux assemblées législatives, assez étendue pour être l'équivalent du compte rendu prohibé par la loi ; — Considérant que Peyrat a publié, à Paris, dans le numéro du 21 décembre 1867 du journal l'*Avenir national*, dont il est le gérant, un article intitulé : *Le projet de loi militaire*, commençant par ces mots : « La Chambre était hier, » et finissant par ceux-ci : « ... dans le débat qui vient de commencer ; » — Considérant que l'auteur de cet article énonce que, le 19 décembre 1867, le Corps législatif était au complet, que M. Jules Simon a ouvert la discussion par un discours dont il met en relief le sens général et les parties principales ; qu'un passage de ce discours est même reproduit en entier ; qu'après M. Jules Simon, le rédacteur fait paraître à la tribune M. Jérôme David, puis M. Latour du Moulin ; qu'il indique les arguments développés par ces orateurs ; qu'il rapporte aussi, en les résumant, les trois discours prononcés dans cette séance ; — Considérant que l'article incriminé présente donc le récit des faits qui se sont passés au Corps législatif ; que ce récit, qui est à peine entremêlé de discussion, pourrait paraître suffisant au lecteur pour lui faire connaître la séance du Corps législatif et le dispenser de recourir au compte rendu officiel ; que le journaliste substitue à la vérité entière, qu'offre le compte rendu officiel, une narration qui lui est personnelle et n'est que la reproduction arbitraire des débats du Corps législatif ; — Que la contravention prévue par l'art. 14 du décret du 17 février 1852 est donc prouvée ; —

Adoptant, au surplus, les motifs qui ont déterminé les premiers juges en ce qu'ils n'ont pas de contraire aux considérants qui précèdent, — Met l'appellation au néant ; ordonne que le jugement dont est appel sortira son plein et entier effet ; — Condamne Peyrat aux dépens. »

2° L'*Intérêt public :*

« La Cour, — Statuant sur l'appel interjeté par Bouchard, du jugement du tribunal correctionnel de la Seine du 25 janvier 1868, et sur les conclusions prises par lui devant la Cour : — (Le point de droit comme à l'arrêt Peyrat.) — Considérant que Bouchard a publié, à Paris, dans le numéro du 29 décembre 1867 du journal l'*Intérêt public*, dont il est le gérant, un article commençant par ces mots : « La séance de jeudi, » et finissant par ceux-ci : « ... ont abandonné leur première opinion ; » — Considérant que l'auteur de cet article fait connaître d'abord que la séance du 26 décembre au Corps législatif a été consacrée à l'examen d'amendements présentés par MM. Carnot et Glais-Bizoin, et que ces amendements ont été rejetés sans longue discussion ; que le rédacteur de l'article ajoute que la partie importante de la discussion portait sur l'amendement qui réduisait le service à huit années ; qu'il déclare que cet amendement a été parfaitement défendu par M. Louvet, au nom de la minorité de la commission, et qu'il analyse le discours par lequel M. le ministre d'Etat a répondu à M. Louvet ; que l'écrivain énonce que M. Buffet a répliqué à M. le ministre d'Etat, et termine en faisant connaître que la Chambre a rejeté l'amendement des huit années de service et en indiquant le nombre de voix que cet amendement a réunies ; — Considérant que l'article incriminé présente le récit des incidents qui se sont successivement passés dans la séance du Corps législatif ; que si la discussion est entremêlée à la narration, il n'en est pas moins vrai que le but du rédacteur est de faire connaître à ses lecteurs l'ensemble des débats du Corps législatif, sans qu'il leur soit nécessaire de se reporter au compte rendu officiel ; qu'à la vérité de ce compte rendu il substitue un récit arbitraire ; — Que ce fait est prévu par l'art. 14 du décret du 17 février 1852 ; — Adoptant, au surplus, les motifs qui ont déterminé les premiers juges en ce qu'ils n'ont pas de contraire aux considérants qui précèdent, — Met l'appellation au néant ; ordonne que le jugement dont est appel sera exécuté ; — Condamne Bouchard aux dépens. »

3° *La France* :

« La Cour, — Statuant sur l'appel interjeté par Jenty du jugement du tribunal correctionnel de la Seine du 25 janvier 1868, et sur les conclusions prises par lui devant la Cour (Le point de droit comme à l'arrêt Peyrat) ; — Considérant que Jenty a publié à Paris, dans le numéro du 21 décembre 1867 du journal *la France*, dont il est le directeur gérant, un article intitulé : « La loi sur l'armée, » commençant par ces mots : « La discussion sur le projet de loi, » finissant par ceux-ci : « ... est tout entière en jeu ; » — Considérant que le rédacteur de ces articles déclare en commençant que la discussion du projet de loi sur l'armée s'est ouverte au Corps législatif, mais que la place lui manque pour discuter les questions qui ont été abordées, et qu'il se bornera à analyser les discours des orateurs entendus ; que le rôle de la presse lui paraît être de résumer les opinions exprimées au Corps législatif en réservant ses appréciations ; qu'il fait connaître ensuite que trois discours ont marqué la première séance ; M. Jules Simon et M. Latour du Moulin ont critiqué le projet de loi ; M. Jérôme David l'a défendu ; que l'écrivain donne l'analyse des discours prononcés par ces trois orateurs, et qu'il termine en disant : « On voit par cette première discussion combien sont nombreuses et complexes les questions que soulève le projet de loi pour l'armée ; » — Considérant que cet article fait connaître en abrégé tout ce qui s'est passé au corps législatif ; que les appréciations que le rédacteur pouvait faire lui-même sur les questions agitées sont remises à un autre jour ; que c'est donc un compte rendu tout personnel qui, contrairement au vœu de la loi, tend à se substituer au compte rendu officiel ; — Que Jenty tombe donc sous l'application de l'art. 14 du décret du 17 février 1852 ; — Adoptant au surplus les motifs qui ont déterminé les premiers juges en ce qu'ils n'ont pas de contraire aux considérants qui précèdent, — Met l'appellation au néant ; ordonne que le le jugement dont est appel sortira son plein et entier effet ; — Condamne Jenty aux dépens. »

4° *Le Glaneur* (Eure-et-Loir) :

« La Cour, — Statuant sur l'appel interjeté par Bosselet du jugement du tribunal correctionnel de la Seine du 25 janvier 1868 (Pour le point de droit comme à l'affaire Peyrat) : — Considérant que Bosselet a publié à Paris, dans le numéro du 26 décembre 1867 du journal *le Glaneur*, dont il est le gérant, un article intitulé : *Bulletin po-*

litique : La loi sur l'armée; discussion générale, commençant par ces mots : « La discussion de la loi sur l'armée, » et finissant par ceux-ci : « ... incessamment de cette tâche ; » — Considérant que le rédacteur de cet article énonce d'abord que la discussion de la loi sur l'armée a commencé le 19 décembre au Corps législatif et que M. Jules Simon a ouvert le débat; qu'il reproduit en l'analysant le discours de M. Jules Simon, en ajoutant que ce discours a été plusieurs fois applaudi par les députés de l'opposition et que quelques passages ont excité les murmures de la majorité; que l'écrivain énonce ensuite que M. Jérôme David a répondu à M. Jules Simon et qu'il donne le résumé de son discours; qu'il reproduit également les principaux arguments du discours de M. Latour du Moulin, qui a répliqué à M. Jérôme David; que successivement il fait monter à la tribune MM. Maurice Richard, Liégeard, Magnin, Gressier, Ernest Picard et enfin M. le ministre d'Etat, dont les discours sont analysés; que ce résumé est présenté sans discussion, et que le rédacteur termine son article en disant : « Il nous resterait à apprécier cette discussion; *le Glaneur* s'acquittera incessamment de cette tâche ; » — Considérant que cet article contient un compte rendu de séances du Corps législatif, que le récit seul y figure; qu'il ne renferme aucune appréciation de questions soulevées; qu'enfin le compte rendu officiel n'est pas inséré dans les colonnes du journal *le Glaneur;* qu'évidemment la narration contenue dans cet article est destinée à remplacer, pour les lecteurs, le compte rendu officiel ; — Que Bosselet s'est donc rendu coupable du fait prévu par l'art. 14 du décret du 17 février 1852 ; — Adoptant au surplus les motifs qui ont déterminé les premiers juges, en ce qu'ils n'ont pas de contraire aux considérants qui précèdent, — Met l'appellation au néant; ordonne que le jugement dont est appel, sortira son plein et entier effet; — Condamne Bosselet aux dépens. »

5° *Journal des Débats :*

« La Cour, — Statuant sur l'appel interjeté par Bertin du jugement du tribunal correctionnel de la Seine, du 25 janvier 1868, et sur les conclusions prises par lui devant la Cour : — (Le point de droit comme à l'arrêt Peyrat.) — Considérant que Bertin a publié, à Paris, dans le numéro du 29 décembre 1867 du *Journal des Débats*, dont il est le gérant, un article commençant par ces mots : « Après avoir résolu hier, » et finissant par ceux-ci : « ... l'amendement a été renvoyé à la commission; » — Considérant que cet article renferme un récit complet de ce qui s'est passé à la séance du Corps législatif du 28 décembre 1867, un exposé des diverses phases de la discussion, l'indication des orateurs qui ont pris la parole, le sens de leurs discours, la nature des amendements mis en discussion; qu'il fait connaître le rejet ou la prise en considération des amendements, le nombre même des voix qui se sont réunies pour prendre en considération le principal de ces amendements; — Que cet article n'offre, pour ainsi dire, aucune discussion, aucune appréciation des questions soulevées; qu'il ne renferme qu'un récit simple et circonstancié de tous les incidents de la séance; qu'un pareil résumé se substitue entièrement au compte rendu officiel, dont la lecture peut paraître superflue; que c'est donc le compte rendu prohibé par la loi; — Qu'ainsi il est prouvé que Bertin a contrevenu aux dispositions de l'art. 14 du décret du 17 février 1852; — Adoptant au surplus les motifs qui ont déterminé les premiers juges en ce qu'ils n'ont pas de contraire aux considérants qui précèdent, — Met l'appellation au néant; — Ordonne que le jugement dont est appel sortira son plein et entier effet; — Condamne Bertin aux dépens. »

6° *Journal de Paris* :

« La Cour, — Statuant sur l'appel interjeté par Weiss du jugement du tribunal correctionnel de la Seine, du 25 janvier 1868 : — (Le point de droit comme à l'arrêt Peyrat.) — Considérant que Weiss a publié, à Paris, dans le numéro du 23 décembre 1867 du *Journal de Paris*, dont il est le gérant, un article commençant par ces mots : « La discussion de la loi sur l'armée, » et finissant par ceux-ci : « ... en vue de laquelle il a été conçu; » — Considérant que cet article reproduit successivement toutes les phases des débats qui ont eu lieu, le 21 décembre 1867 au Corps législatif, dans la discussion de la loi sur l'armée; cette discussion, dit l'écrivain, a pris une tournure tout à fait inattendue par le discours de M. Gressier, dont il fait connaître les parties principales; il ajoute que ce discours a appelé M. le ministre d'Etat à la tribune pour y faire d'importantes déclarations; il rend compte de la nature de ces déclarations; puis, il indique brièvement le sens de deux discours prononcés par MM. Ernest Picard et Magnin, et termine en annonçant que la clôture de la discussion générale a été prononcée; — Considérant que ce récit, ce résumé des faits qui ont marqué cette séance ont pour but d'en reproduire la physionomie telle qu'elle apparaît au rédacteur, et de remplacer, pour ses lecteurs, le compte rendu officiel; que les appréciations qui sont mêlées au récit ne lui enlèvent pas son caractère, et que c'est une copie défigurée qui se substitue au tableau original que présente le compte rendu officiel; — Que l'infraction prévue par l'art. 14 du décret du 17 février 1852 est donc prouvée; — Adoptant d'ailleurs les motifs qui ont déterminé les premiers juges en ce qu'ils n'ont pas de contraire aux considérants qui précèdent, — Met l'appellation au néant; ordonne que le jugement dont est appel sortira son entier effet; — Condamne Weiss aux dépens. »

7° L'*Opinion nationale* :

« La Cour, — Statuant sur l'appel interjeté par Fouray du jugement du tribunal correctionnel de la Seine, du 25 janvier 1868 : — (Le point de droit comme à l'arrêt Peyrat.) — Considérant que Fouray a publié, à Paris, dans le numéro du 21 décembre 1867 du journal l'*Opinion nationale*, dont il est le gérant, un article intitulé : « Séance du Corps législatif, » commençant par ces mots : « La discussion du projet de loi, » et finissant par ceux-ci : « ... le caractère d'une improvisation; » — Considérant que l'auteur de cet article annonce que la discussion du projet de loi sur l'armée a commencé le 19 décembre au Corps législatif; qu'il fait connaître que M. Jules Simon, dont il analyse le discours, a ouvert la discussion, et qu'à M. Jules Simon a succédé M. Jérôme David, dont le discours est également résumé; que l'écrivain termine en rapportant les parties principales du discours de M. Latour du Moulin qui a clos la séance; qu'il place ainsi, par l'analyse, sous les yeux de ses lecteurs, les trois discours qui ont rempli cette séance; — Considérant que les appréciations qui se mêlent au récit des faits n'empêchent pas que l'article ne rende compte au lecteur, selon les impressions de l'écrivain, de ce qui s'est passé au Corps législatif; que la narration particulière au journaliste est donc venue remplacer le récit officiel qui, d'après le vœu de la loi, peut seul faire connaître la vérité des faits; — Qu'ainsi Fouray a contrevenu aux dispositions de l'art. 14 du décret du 17 février 1852; — Adoptant au surplus les motifs qui ont déterminé les premiers juges en ce qu'ils n'ont pas de contraire aux considérants qui précèdent, — Met l'appellation au néant; ordonne que le jugement dont est appel sortira son plein et entier effet; — Condamne Fouray aux dépens. »

8° Le *Temps :*

« La Cour, — Statuant sur l'appel interjeté par Hébrard du jugement du tribunal correctionnel de la Seine, du 25 janvier 1868 : — Considérant que Hébrard a publié, à Paris, dans le numéro du 23 décembre 1867 du journal le *Temps*, dont il est le gérant, un article commençant par ces mots : « Si l'éloquence peut se définir, » et finissant par ceux-ci : « ... sont à ce prix ; » — Considérant que cet article ne présente pas le récit des faits qui se sont passés au Corps législatif; qu'il se borne à discuter les questions soulevées devant cette assemblée ; que les noms des orateurs qui ont pris part aux débats ne se trouvent rappelés que pour les nécessités de la discussion ; qu'on n'y trouve donc pas le compte rendu défendu par la loi ; — Par ces motifs, — Met l'appellation et le jugement dont est appel au néant; émendant, décharge Hébrard des condamnations prononcées contre lui ; — Au principal, le renvoie des poursuites. »

9° L'*Union :*

« La Cour, — Statuant sur l'appel interjeté par Laurentie du jugement du tribunal correctionnel de la Seine du 25 janvier 1868 : — Considérant que Laurentie a publié à Paris, dans le numéro du 23 dé-décembre 1867 du journal l'*Union*, dont il est le gérant, un article intitulé : *La loi militaire au Corps législatif*, commençant par ces mots : « Enfin la vraie question, » et finissant par ceux-ci : « ... des maîtres de la parole; » — Considérant que cet article contient l'appréciation des questions et une discussion sur les matières qui ont été traitées au Corps législatif; qu'il ne présente pas la narration des faits qui se sont passés dans cette assemblée; que si les noms des orateurs qui ont pris part aux débats sont indiqués, cette indication ne dépasse pas les nécessités de la discussion; qu'ainsi l'article ne renferme pas les caractères du compte rendu prohibé par la loi ; — Met l'appellation et le jugement dont est appel au néant ; émendant, décharge Laurentie des condamnations prononcées contre lui ; au principal, le renvoie des poursuites. »

M. Saillard, pr.; M. Falconnet, rap.; M. Grand Perret, pro. gén.; MM[es] Ferdinand Duval, Laferrière, Berryer, Durier, Dufaure, Gatineau, Andral, Senard, Mathieu, avocats.

Pourvoi en Cassation par l'*Opinion nationale*, *l'Avenir national*, et le *Journal de Paris*. La Cour a rejeté les deux derniers pourvois et cassé l'arrêt rendu contre l'*Opinion nationale*.

1° *Opinion nationale :*

« La Cour, — Attendu que, pour rendre désormais impossible le retour de ces relations des débats législatifs rédigés sous l'influence de l'esprit de parti, qui, lors même qu'elles n'allaient pas jusqu'à l'infidélité et la mauvaise foi réprimées par l'art. 7 de la loi du 25 mars 1822, dénaturaient trop souvent les faits rapportés et avaient pour résultat d'égarer l'opinion publique, l'art. 42 de la constitution du 14 janvier 1852 et le sénatus-consulte du 2 février 1861 qui l'a modifié ont voulu qu'il ne pût plus être rendu compte de ces débats que par la reproduction de la sténographie insérée *in extenso* dans le journal officiel ou par celle du compte rendu rédigé sous l'autorité du président de l'assemblée; — Que la prohibition qui résulte de cette prescription est générale et s'étend à tout compte rendu émanant d'une initiative individuelle, quelque fidèle et impartial qu'il puisse être; mais qu'elle n'atteint pas cependant le droit de discussion, et n'enlève pas à la presse la faculté de discuter, soit la matière mise en délibération, soit même les discours des orateurs et les débats dont ils font partie; — Attendu, d'ailleurs, qu'un article de discussion ne perd pas son caractère par cela seul qu'il énonce quelques-uns des faits de la séance, lorsque ces énonciations servent à préciser le terrain de cette discussion; — Qu'il en serait autrement de la relation des débats qui se trouverait mêlée à la discussion sans utilité pour celle-ci; que cette relation pourrait, suivant les cas, constituer un compte rendu, soit total, soit partiel, et, par suite, une contravention aux dispositions générales de l'art. 42 précité; — Qu'en l'absence d'un texte de loi qui détermine avec précision la limite séparative de la discussion permise et du compte rendu prohibé, les tribunaux ont le devoir d'apprécier dans chaque affaire si les énonciations de l'article poursuivi présentent, à un degré punissable, le caractère du compte rendu; — Attendu, en ce qui concerne le droit de la Cour de cassation, que cette appréciation ne constitue pas une simple déclaration de fait ou d'intention, abandonnée à l'autorité souveraine du juge du fond; que, hors le cas où la Cour impériale a puisé ses éléments d'interprétation dans des circonstances extrinsèques à l'article représenté, l'application de la loi au texte donne à juger un point de droit qui tombe sous le contrôle de la

Cour de cassation; — Qu'une certaine latitude est toutefois laissée aux Cours impériales, et que leurs décisions ne doivent encourir de censure qu'autant que l'interprétation qu'elles ont faite de l'article incriminé entraîne une violation formelle de la loi; — Attendu, au fond, que l'article du journal l'*Opinion nationale* qui fait l'objet des poursuites ne constitue, en réalité, qu'une discussion de la loi mise en délibération devant le Corps législatif dans sa séance du 20 décembre 1867, et des débats eux-mêmes; que la relation qui s'y trouve de certains faits de cette séance était amenée par les besoins de la discussion, et qu'elle ne présente nullement les caractères d'un compte rendu prohibé; — Qu'en jugeant le contraire, en déclarant que cet article constituait une contravention à l'art. 42 de la Constitution, et en prononçant contre le demandeur l'amende édictée par l'art. 14 du décret du 17 février 1852, l'arrêt attaqué a fait une fausse application et commis une violation formelle de ces articles; — Par ces motifs; — La Cour casse et annule l'arrêt de la Cour impériale de Paris du 3 avril 1868, portant condamnation du sieur Fouray à 1,000 fr. d'amende, et, pour être fait droit, renvoie la cause et le prévenu devant la Cour impériale de Rouen. »

2° *Avenir national :*

« La Cour, — Attendu que, pour rendre désormais impossible le retour de ces relations, etc. (ici sont reproduit les motifs de l'arrêt relatif à l'*Opinion nationale*); — Attendu au fond que l'article poursuivi ne s'est pas renfermé dans les bornes d'une simple discussion; qu'il relate, en dehors des besoins de cette discussion, diverses circonstances des débats et copie même textuellement certains passages des discours prononcés; — Que, dès lors, en appréciant ces éléments divers, et en décidant qu'ils présentent le caractère d'un compte rendu prohibé, l'arrêt attaqué n'a point violé l'art. 42 de la Constitution; — Attendu que la défense établie par la rédaction primitive de cet article a été textuellement maintenue par le sénatus-consulte du 2 février 1861, et qu'ainsi l'art. 14 du 17 février 1852 n'a pas cessé d'être applicable à la contravention à ce texte primitif, objet de la poursuite actuelle; — Par ce motifs, — La Cour rejette le pourvoi du sieur Jean-Alphonse Peyrat; — Ainsi jugé, etc. »

3° *Journal de Paris.* — Arrêt dans les mêmes termes.

M. Legagneur, f. f. de pr.; M. de Carnières, rap.; M. Bédarrides, av. gén.; MM[es] Hérold et Duboys, avocats.

N° 1682.

PRESSE. — PROVOCATION A COMMETTRE UN CRIME. — OUTRAGE A LA MORALE PUBLIQUE.

Commet le délit d'outrage à la morale publique l'auteur d'un article qui tend à justifier l'assassinat, dans lequel se trouve exprimé le regret qu'il ne se produise pas plus souvent, dont la conclusion est l'approbation et même la glorification de l'assassinat, et dans lequel se trouve ainsi une atteinte aux sentiments de morale innés dans l'homme et communs à tous les peuples.

Le *Courrier français* c. Min. pub.

9 juillet 1868. — Chambre correctionnelle.

M. de Schryver, gérant, M. Deberle, rédacteur du *Courrier français* et M. Dubuisson, imprimeur de ce journal, sont prévenus du délit de provocation à commettre un crime.

22 mai 1868, jugement du tribunal correctionnel de la Seine (7e ch. — M. Loriot de Rouvray, président) :

« Le tribunal, — Donne défaut contre Dubuisson, non comparant, quoique régulièrement assigné ; — Statuant au fond : — Attendu que de Schryver a, dans le *Courrier français* du 3 mai 1868, publié un article intitulé : *les Ephémérides révolutionnaires*, signé Deberle ; — Que l'auteur de cet article fait le tableau de la vie politique de Kotzebue, qu'il le représente comme traître à sa patrie, et rend compte de son assassinat, par Sand ; qu'il représente ensuite Sand, mourant pour sa patrie, heureux d'avoir rempli un devoir, et de ce que Dieu lui avait accordé ce que l'auteur appelle une victoire ; — Que cet article se termine par ces mots : « les Kotzebue seraient plus rares si les Sand « l'étaient moins ; » — Attendu que l'article incriminé pourrait, en effet, comme le soutient la prévention, pousser des esprits exaltés et pervertis à l'assassinat, et constituer le délit de provocation à commettre un crime, mais que les prévenus se défendent d'avoir eu cette intention et que la preuve de cette intention n'est pas suffisamment établie ; — Attendu cependant qu'un article qui tend à justifier l'assassinat, et dans lequel se trouve exprimé le regret qu'il ne se produise pas plus souvent, est contraire aux sentiments de morale innés en l'homme et communs à tous les peuples ; que cet article constitue, en conséquence, le délit d'outrage à la morale publique, prévu et puni par l'art. 8 de la loi du 17 mai 1819 ; — Attendu que Deberle et Dubuisson se sont rendus complices de ce délit, Deberle en fournissant ledit article, sachant qu'il devait être publié, et Dubuisson en l'imprimant; — Faisant aux prévenus application de la loi précitée, et en outre, à Deberle et Dubuisson, application des art. 59 et 60 du code pénal; — Ledit article, modifié à l'égard de Dubuisson, par l'art. 8 du décret du 11 août 1848, à raison des circonstances atténuantes qui existent en sa faveur, — Condamne de Schryver et Deberle chacun à un mois de prison et 500 fr. d'amende; — Dubuisson à huit jours de prison et 300 fr. d'amende; les condamne solidairement aux dépens; — Fixe à deux mois la durée de la contrainte par corps, dans le cas où il y aurait lieu de l'exercer. »

Appel par MM. Deberle et de Schryver.

« La Cour, — Donne défaut contre Deberle, non comparant; — Et considérant que, dans l'article incriminé, Deberle, après avoir raconté en quelques lignes la vie de Kotzebue et présenté sa conduite comme celle d'un « traître, » son langage comme justement frappé de la réprobation publique, fait apparaître Charles Sand, comme un libérateur de la patrie, le montre « enfonçant un poignard » dans la poitrine de Kotzebue, puis, « sortant de la maison de sa victime avec la tranquillité d'un homme qui pense avoir rempli un devoir, rendant grâce à Dieu de lui avoir accordé la victoire; » et bientôt condamné à mort, « subissant son supplice avec dignité; » — Que tout ce récit, loin de renfermer un blâme, même implicite, pour Charles Sand et pour le crime qu'il vient de commettre, s'attache au contraire à présenter la victime comme seule méprisable et le meurtrier comme seul digne d'intérêt; qu'enfin il ajoute ces mots : « Les Kotzebue seraient plus rares, si les Sand l'étaient moins; » — Qu'une telle conclusion, ainsi amenée et préparée, est l'approbation et même, la glorification de l'assassinat; qu'elle constitue dès lors le plus grave outrage à la morale publique; — Adoptant au surplus les motifs qui ont déterminé les premiers juges; — Met l'appellation au néant; ordonne que ce dont est appel sortira son plein et entier effet, et condamne l'appelant au dépens. »

M. Falconnet, f. f. de pr.; M. Bondurand, rap.; M. Benoist, subst.

N° 1683.

PRESSE. — EXCITATION A LA HAINE ET AU MÉPRIS DU GOUVERNEMENT. — DÉCRET DU 11 AOUT 1848. — DISCUSSION. — CRITIQUE. — IMPRIMEUR. — COMPLICITÉ. — OFFENSES ENVERS L'EMPEREUR.

Est resté en vigueur et se concilie avec la Constitution impériale l'art. 4 du décret du 11 août 1848, qui punit le délit d'excitation à la haine et au mépris du gouvernement.

Commet ce délit celui qui attaque le gouvernement de mauvaise foi, avec le parti pris de l'abaisser dans l'esprit des populations, de soulever les passions contre lui et de lui infliger un blâme général sans discussion et sans preuve. (1re espèce.)

Commet le délit d'excitation à la haine et au mépris du gouvernement l'auteur d'un article dont la conclusion est que le gouvernement, devenu insupportable à une partie de la nation, n'a qu'à se retirer. (2e espèce.)

Le droit de discussion, de critique et de censure des actes du gouvernement doit avoir pour mobile et pour but l'intérêt public, pour règle et limite la vérité des faits et la loyauté de la discussion.

Ce principe, tout en subordonnant les actes du gouvernement à l'examen le plus complet, à la discussion la plus étendue, le protége contre les attaques qui, par leur violence ou par leurs formes, tendent à le faire mépriser ou haïr.

Spécialement, *constituent le délit d'excitation à la haine et au mépris du gouvernement les imputations, faites de mauvaise foi, avec un parti pris, et dans un système de dénigrement du gouvernement impérial, par un écrivain qui, affirmant arbitrairement des faits et des actes, censure et critique sans preuve ni discussion.* (3e espèce.)

Commet le délit d'excitation à la haine et au mépris du gouvernement l'écrivain qui, n'ayant pas pour but la discussion loyale des actes du gouvernement, permise par la loi, réunit et rapproche, pour l'outrager, des affirmations arbitraires, ni précédées, ni suivies d'une discussion sérieuse, de nature à éclairer le lecteur sur leur degré de vérité ou de force. (4e espèce.)

Commet le délit d'excitation à la haine et au mépris du gouvernement l'écrivain qui, cédant aux plus mauvaises passions, réunit, rapproche, combine, dans un but évident de dénigrement et d'attaque, des imputations, affirmations, allégations, ne ressemblant, ni de près ni de loin, à une discussion, une critique ou à une censure des actes du gouvernement. (5e et 6e espèces.)

Est coupable d'offense envers la personne de l'Empereur l'écrivain qui travestit ses intentions, tourne ses actes en dérision, et se livre à des outrages qui blessent et froissent la conscience et la susceptibilité de tout citoyen qui aime son pays, quelque soit son opinion politique. (5e et 6e espèces.)

Commet le délit d'outrage à une religion, dont l'établissement est reconnu en France, celui qui froisse par ses outrages toute croyance religieuse. (5e espèce.)

Les juges doivent ordonner la suppression et la destruction des exemplaires du journal qui ont motivé la condamnation. (5e et 6e espèces.) *L'imprimeur du journal est complice de ces délits.* (3e, 4e et 5e espèces.)

1re espèce. — Emile de Girardin c. Min. pub.

8 mai 1867. — Chambre correctionnelle.

« La Cour, — Statuant sur l'appel interjeté par de Girardin du jugement du tribunal correctionnel de la Seine du 17 avril 1867, et sur les conclusions prises par lui devant la Cour ; — En ce qui touche l'exception tirée de ce que l'art. 4 du décret du 11 août 1848 ne serait pas applicable au gouvernement de l'Empereur : — Considérant que l'art. 4 de la loi du 25 mars 1822 punissait le fait d'excitation à la haine et au mépris du gouvernement ; que cet article a été reproduit dans les mêmes termes par l'art. 4 du décret du 11 août 1848, avec la seule addition du droit de discussion et de censure des actes du pouvoir exécutif ; que la constitution du 14 janvier, que le sénatus-consulte du 7 novembre 1852, ont maintenu toutes les lois existantes au moment de leur promulgation ; que les dispositions de l'art. 4 du décret du 11 août 1848 sont donc restées en vigueur ; qu'il est en effet d'une nécessité impérieuse que, dans un intérêt général et social, les gouvernements soient protégés contre des attaques qui, en les livrant au mépris et à la haine des citoyens, les rendraient sans force pour remplir la mission de protection qui leur est confiée ; — Que les dispositions de l'art. 4 du décret du 11 août 1848 se concilient complétement avec les institutions de l'Empire ; qu'il suit de là que l'art. 4 du décret du 11 août 1848 est applicable au gouvernement de l'Empereur ; — Au fond : — Considérant que de Girardin, condamné définitivement pour avoir, par son article du 1er mars, excité à la haine et au mépris du gouvernement, affirme dans son nouvel article du 9 avril qu'il a été condamné pour avoir dit la vérité ; qu'il reprend ainsi et reproduit toutes les assertions contenues dans le premier article et reconnues coupables ; — Considérant qu'en outre il énonce que la vérité n'est pas en faveur sous le gouvernement actuel et que par la servilité on parvient à tout ; que, si des périls sont signalés au gouvernement, on est aussitôt accusé de les avoir fait naître et condamné ; que la flatterie est comblée de faveurs, tandis que le soldat de la vérité n'encourt que rigueurs, défiances, calomnies, persécutions, condamnations, flétrissures, amendes, prison et exil ; — Que, répétant l'attaque du 1er mars, il affirme que la France ne jouit d'aucune liberté, qu'elle ne pèse d'aucun poids au dehors, que le gouvernement n'a commis que des fautes; que lui qui a tout prévu est puni, qu'il paye pour les fautes des autres et qu'il serait plus juste que ceux qui les ont commises les payassent; — Considérant que l'ensemble de l'article, les expressions qu'il renferme, la forme qu'il a revêtue, prouvent que de Girardin n'a point eu pour but une discussion, une censure loyale des actes du gouvernement, cherchant à éclairer le gouvernement, à améliorer sa marche, à servir les intérêts généraux du pays, qu'au contraire il a attaqué le gouvernement de mauvaise foi, avec le parti pris de l'abaisser dans l'esprit des populations, de soulever les passions contre lui et de lui infliger un blâme général sans discussion et sans preuve; — Que ces attaques constituent le délit d'excitation à la haine et au mépris du gouvernement; — Adoptant au surplus les motifs qui ont déterminé les premiers juges, en ce qu'ils n'ont pas de contraire aux considérants qui précèdent; — Confirme. »

M. Saillard pr.; M. Desmaze, rap.; M. de Marnas, pr. gén.; Me Allou, avocat.

Le pourvoi de M. de Girardin contre cet arrêt a été rejeté le 21 juin 1867.

2e espèce. — Le *Courrier français* c. Min. pub.

9 juillet 1868. — Chambre correctionnelle.

M. de Schryver et M. Dubuisson, gérant et imprimeur du *Courrier français*, sont prévenus du délit d'excitation à la haine et au mépris du gouvernement.

21 mai 1868, jugement du tribunal correctionnel de la Seine (7e ch.) : « Le tribunal, — Attendu que de Schryver a, dans le *Courrier français* du 2 mai 1868, publié un article signé de lui et qui se termine ainsi : « Conclusion : quand un gouvernement *a fait ses dix-* « *huit ans*, c'est-à-dire, laissant le figuré à part, quand il commence « à devenir insupportable à une partie de la nation, il n'y a qu'une con- « duite à tenir, quoi qu'en dise le *Journal de Paris : se retirer sans* « *effusion de sang;* » — Attendu qu'encore bien qu'il soit question dans cet article du gouvernement espagnol, de la Belgique et de la République de 1848, il est certain que le passage qui le termine s'applique au gouvernement de l'Empereur; — Qu'il constitue le délit d'excitation à la haine et au mépris du gouvernement, prévu par l'art. 4 du décret du 11 août 1848; — Attendu que Dubuisson s'est rendu complice de ce délit en imprimant ledit numéro du *Courrier français;* — Faisant aux prévenus application du décret précité, et, en outre, à

Dubuisson, application des art. 59 et 60 du code pénal, modifiés par l'art. 8 du décret du 11 août 1848 à raison des circonstances atténuantes, — Condamne de Schryver en quinze jours d'emprisonnement et 1,000 fr. d'amende; — Dubuisson à huit jours d'emprisonnement et 500 fr. d'amende; — Dit que les peines ci-dessus ne se confondront pas avec celles prononcées par le précédent jugement en date de ce jour; — Condamne de Schryver et Dubuisson solidairement aux dépens; fixe la durée de la contrainte par corps à quatre mois pour de Schryver et à deux mois pour Dubuisson, dans le cas où il y aurait lieu de l'exercer. »

Appel par M. de Schryver.

« La Cour, — Considérant que, devant la Cour, de Schryver allègue pour sa justification que, devant le juge d'instruction il a appliqué au gouvernement de Louis-Philippe le passage incriminé et qu'il a renouvelé cette explication devant le tribunal; — Considérant que l'interrogatoire subi dans l'instruction indique qu'il a entendu faire une application générale dans son article, et que le plumitif de l'audience constate qu'il a déclaré avoir entendu faire allusion au gouvernement espagnol; — Qu'ainsi ces deux allégations successives démentent celle qu'il produit aujourd'hui ; — Qu'il ne saurait d'ailleurs y avoir de doute sur l'application dudit article au gouvernement impérial; — Qu'en effet il est rédigé pour le présent, non pour le passé; qu'il résume tout l'article sous forme de conclusion; qu'il indique en lettres italiques, en laissant, comme il le dit, le figuré à part, que le gouvernement actuel a fait ses dix-huit années d'existence; — Qu'enfin il met en vedette, en lettres italiques, ce mot qui termine le paragraphe : « .... se retirer sans effusion de sang; » — Adoptant au surplus les motifs qui ont déterminé les premiers juges, — Met l'appellation à néant, ordonne que ce dont est appel recevra son plein et entier effet; — Condamne l'appelant aux dépens. »

M. Falconnet, f. f. de pr.; M. Daniel, rap.; M. Benoist, subst.

3e espèce. — Min. pub. c. l'*Electeur*.

24 juillet 1868. — Chambre correctionnelle. = 19 décembre 1868. — Rejet.

7 juillet 1868, jugement du tribunal correctionnel de la Seine (6e ch.) :

« Le tribunal, — Attendu que, dans le numéro du journal l'*Electeur* du 25 juin 1868, André Pasquet, gérant, a publié à Paris un article intitulé : « Grandes manœuvres électorales, » signé Jules Ferry ; —

Attendu que, dans cet article, l'auteur, prenant pour objectif le gouvernement, déclare qu'il a tout « employé, » tout subordonné, « tout « sacrifié » à la candidature officielle; qu'il n'y a plus chez nous qu'une affaire, « l'affaire électorale, l'aptitude, la science, » ou, pour mieux dire, le « tour de main électoral ; » qu'on ne demande plus aux préfets s'ils savent administrer, mais s'ils sont « heureux au jeu des élections. » Or, être heureux ici veut dire, comme chacun sait, mettre d'adresse ou de force tous « les atouts dans son jeu ; que l'autorité s'est déplacée pour tomber aux mains des quatre-vingt-neuf préfets ; qu'avant tout, en France, le gouvernement n'est qu'une machine électorale ; que le Corps législatif, sous son influence, a voté au pas de course, sans soucis d'autres intérêts que ceux de l'élection prochaine, les nouvelles lois sur les chemins de fer français ; qu'enfin le gouvernement n'a pas craint, dans cette circonstance, d'abaisser jusqu'à la manœuvre électorale la dignité de la loi ; — Attendu que ces affirmations arbitraires de faits et d'actes ont été ainsi condensés dans un but d'attaque et avec l'intention manifeste d'exciter à la haine et au mépris du gouvernement ; — Qu'avant de critiquer et de discuter l'acte ou le fait, il s'agit d'en rapporter la preuve et la dimension exacte sans extension imaginaire faite de mauvaise foi, et que toute censure ne peut être que la conclusion de la critique ou de la discussion ; — Que, dans l'espèce, ledit auteur n'a ni prouvé, ni discuté, ni critiqué, ni censuré ,dans le sens de la loi ; qu'il a ainsi excédé le droit qui appartient au publiciste ; — Que, dès lors, André Pasquet, en publiant cet article, s'est rendu coupable du délit d'excitation à la haine et au mépris du gouvernement prévu et puni par l'art. 4 du décret du 11 août 1848 ; — Attendu que Jules Ferry et Auguste Vallée se sont rendus complices de ce délit en aidant et assistant avec connaissance André Pasquet dans les faits qui l'ont préparé, facilité et consommé, le premier en fournissant l'article incriminé, sachant qu'il devait être publié, le second en imprimant le numéro du journal qui le contient, complicité prévue et punie par les art. 59 et 60 du code pénal et l'article précité du décret de 1848, — Condamne André Pasquet en 5,000 fr. d'amende; Jules Ferry en 5,000 fr. d'amende, Auguste Vallée en 500 fr. d'amende: fixe la durée de la contrainte par corps à deux années en ce qui concerne les deux premiers, et à quatre mois pour le dernier. »

Appel par MM. Pasquet et Ferry.

« La Cour, — Considérant que le journal *l'Electeur*, dans son numéro du 25 juin, portant la signature du sieur Pasquet, qui prend la qualité de gérant et de secrétaire de la rédaction politique, a publié un article signé *Ferry*, et intitulé : *Grandes manœuvres électorales*

— Considérant que l'auteur de cet article accuse le gouvernement de corrompre les électeurs et de sacrifier à la fois à ce but unique les intérêts publics, l'honneur et la probité des fonctionnaires; considérant qu'il affirme notamment que « la candidature officielle est le principe et la source, le moyen et le but, le commencement et la fin; qu'on y a tout employé, tout subordonné, tout sacrifié; » — Considérant qu'il précise et développe cette pensée en ajoutant : « Il n'y a plus chez nous qu'une affaire et qu'un intérêt, plus qu'une aptitude et qu'une science : l'affaire électorale, l'aptitude, la science ou, pour mieux dire, le tour de main électoral. Du moment que tout est électoral, depuis le budget des cultes jusqu'à la caisse des travaux publics, depuis l'école jusqu'au bureau de tabac, depuis le conseil de révision jusqu'au conseil d'Etat, depuis les pompiers jusqu'aux orphéons, tout est simple, tout est clair, tout est facile à résoudre. On ne demande plus aux préfets s'ils savent administrer, mais s'ils sont heureux au jeu des élections. Or, être heureux, ici, veut dire, comme chacun sait, mettre d'adresse ou de force tous les atouts dans son jeu; » — Considérant qu'après avoir établi un parallèle entre les préfets du premier empire et le préfet du second empire, il définit, en ces termes, le caractère et la mission de ce dernier : « L'homme d'aujourd'hui, le capitaine Fracasse départemental, à moitié militaire, à moitié sportman, et mauvais sujet pardessus le marché, aussi dépourvu généralement d'éducation administrative que de goût pour le travail. Pourquoi celui-ci est-il tout à la fois si bruyant et si frivole, et fait-il voir dans toute sa personne ce faux air de charlatan? C'est qu'il est avant tout un agent de charlatanisme électoral, un entrepreneur de candidatures. Il a même le droit de faire des dettes, s'il réussit les élections; » — Considérant qu'après avoir montré la France en face d'un déficit avéré, public, énorme, il ajoute : « Qu'est-ce à dire et quel métier faisons-nous de jeter par les fenêtres l'argent que nous n'avons pas? Cela veut dire seulement que les élections sont proches; » — Considérant qu'à l'occasion des projets de lois relatifs à de nouvelles lignes de chemins de fer et soumis aux délibérations du Corps législatif, il écrit : « Mais cette fois les voici dans toute leur splendeur, dans toute leur naïveté, tranchons le mot, dans toute leur impudence, les chemins de fer électoraux. Ces dix-sept lignes, le Corps législatif ne les vote pas, le Corps législatif ne les concède pas. C'est le gouvernement qui les a déclarées d'utilité publique, c'est le gouvernement qui a seul le droit de les concéder. Que fait donc le Corps législatif? Il les classe, il les enregistre, il les promet aux populations, il leur sert d'enseigne ; » que, plus loin, et rappelant les élections de 1863, il ajoute : « Menée de plus loin, mieux apprise, la pièce sera mieux jouée; on pense surtout qu'elle paraîtra nouvelle. Aux campagnards sceptiques, qui n'auraient pas oublié leur octobre 1863, on dira : Il y a une loi. Cette loi, sans doute, ne fait rien, mais c'est une loi; et ce mot est encore quelque chose en France, malgré ceux qui ne craignent pas d'abaisser jusqu'à la manœuvre électorale la dignité de la loi ; » — Considérant que ces imputations sont faites de mauvaise foi, avec un parti pris et dans un système de dénigrement du gouvernement impérial; — Que si la loi reconnaît et consacre comme légitime le droit de discussion, de critique et de censure des actes du gouvernement, il doit avoir pour mobile et pour but l'intérêt public, pour règles et pour limites la vérité des faits et la loyauté de la discussion ; — Que la Constitution de 1852, invoquée dans les conclusions des appelants, n'a rien changé à un principe qui, tout en subordonnant les actes du gouvernement à l'examen le plus complet, à la discussion la plus étendue, protége le gouvernement lui-même contre les attaques qui, par leur violence ou par leurs formes, tendent à le faire mépriser ou haïr; — Considérant que l'article incriminé, publié par le journal *l'Electeur*, a été écrit dans le but d'exciter à la haine et au mépris du gouvernement, et qu'il produit ce résultat; — Adoptant, au surplus, les motifs qui ont déterminé les premiers juges, — Confirme, ordonne que le jugement sera exécuté selon sa forme et teneur; — Condamne Pasquet et Ferry aux dépens. »

M. Falconnet, f. f. de pr.; M. Dufour, rap.; M. Merveilleux-Duvignaux, av. gén.; MMes Picard et Laferrière, avocats.

Pourvoi par MM. André Pasquet et Ferry.

« La Cour, — Sur le moyen unique tiré de la fausse application et de la violation de l'art. 4 du décret du 11 août 1848, en ce que l'arrêt attaqué a reconnu l'existence du délit prévu par ledit article, alors que l'écrivain n'avait pas signalé au mépris public le gouvernement lui-même, considéré dans son principe et les éléments essentiels de son organisation; — Attendu qu'il résulte des constatations de l'arrêt attaqué que l'auteur de l'écrit incriminé a imputé au gouvernement impérial de mettre en pratique un système électoral qui consisterait à demander et à obtenir du conseil d'Etat, du Corps législatif et de tous les agents de l'administration les moyens de fausser et de corrompre les élections, en exercant sur elles une pression abusive et frauduleuse, ajoutant « que ce système électoral est le trait caractéristique, le ressort fondamental et dominant du gouvernement, celui duquel toutes choses dérivent; » — Que si l'art. 4 du décret du 11 août 1868 consacre le droit de discussion et de censure des actes du pouvoir exécutif et du ministre, il prévoit en même temps le délit d'excitation à la haine et au mépris du gouvernement; — Attendu que ce délit pourrait exister suivant les circonstances, même dans l'exercice du droit abusif de discussion et de censure, mais qu'il résulte des constatations de l'arrêt et de l'article lui-même, que celui-ci ne discute pas des actes spéciaux d'un ministre ou d'un agent du pouvoir; qu'il s'attaque essentiellement au gouvernement dans son ensemble, dans son principe et dans sa base, à l'occasion du système électoral; — Qu'il est constaté par l'arrêt dénoncé que l'auteur de l'article a, de mauvaise foi, gravement dénaturé les faits auxquels il se réfère, et qu'il a, avec intention, excité à la haine et au mépris du gouvernement ; — Attendu que cette appréciation de la Cour impériale n'a rien de contraire à la teneur même de l'écrit, et que l'application qui a été faite aux prévenus de l'art. 4 du décret du 11 août 1868 se trouve ainsi justifiée, — Rejette. »

M. Legagneur, pr.; M. Saint-Luc Courborieu, rap.; M. Charrins, av. gén.; Me Tenaille-Saligny, avocat.

4e espèce. — Min. pub. c. le *Réveil.*

22 août 1868. — Chambre correctionnelle.

15 juillet 1868, jugement du tribunal correctionnel de la Seine, (6e ch.) :

« Le tribunal, — Attendu que, dans le numéro du journal le *Réveil* du 2 juillet 1868, Delescluze a publié à Paris, un article intitulé : *A nos lecteurs*, dont il est l'auteur : — Attendu que, dans cet article il relève hardiment le drapeau de la révolution, de cette révolution « qui balayait de sa sainte colère les abus du passé, et qui a plus créé que détruit : puis il ajoute que la France, nourrie de ce lait généreux, a pu tout supporter, tout réparer ; que c'est « dans la révolution, » et non ailleurs, qu'est le secret de ces résurrections prodigieuses dont elle a souvent ébloui l'Europe, et dont nous ne tarderons pas à saluer encore une fois l'aurore, sans craindre désormais pour le lendemain; — Que, le drapeau ainsi déployé, le terrain de l'attaque déterminé, il affirme que, chez nous, les règles fondamentales édictées par la sagesse révolutionnaire ont été mises en fourrière, ce qui est cause de toutes nos difficultés; que la liberté a disparu sous les restrictions, l'égalité sous les privilèges; que la solidarité n'existe que dans le mal quand elle ne devrait exister que dans le bien; que le remède à cet état de choses est tout trouvé et qu'il consiste à rouvrir la page trop oubliée où la révolution a déposé le témoignage de sa profonde sagesse; — Que, pressant ses affirmations, il ajoute, faisant comme un appel aux échos de l'opinion qui lui venait de France, que le pays a vécu dans la servitude comme sur un doux oreiller; qu'il se complaisait dans de douteuses et grossières satisfactions; — Qu'il était tenu dans des liens honteux; — Qu'enfin, qualifiant arbitrairement dans une seule phrase l'œuvre du gouvernement, il dit que son système politique s'est exercé pendant seize ans, *sans la France et sur la France;* — Attendu que ces affirmations ont été ainsi réunies, rapprochées dans le but d'attaquer le gouvernement par le moyen de l'excitation à la haine et au mépris contre lui; — Qu'elles ne sont ni précédées ni suivies d'une discussion sérieuse de nature à éclairer le lecteur sur le degré de vérité ou de force qui peut leur appartenir; — Qu'elles ont été formulées et versées dans la publicité avec une intention de nuire manifeste; — Que cette intention criminelle résulte notamment de l'ensemble de l'article, qui embrasse dans son attaque tous les actes du gouvernement, et par la vivacité de l'appel fait aux partisans de la révolution, dont le dernier mot est l'attaque par l'action; — Attendu qu'en agissant ainsi, Delescluze a excédé le droit qui lui appartient de critiquer, de discuter et de censurer les actes du gouvernement, et qu'il a commis le délit prévu et puni par l'art. 4 du décret du 11 août 1848; — Attendu que Dubuisson s'est rendu complice de ce délit en aidant et assistant avec connaissance Delescluze dans les faits qui l'ont préparé, facilité et consommé, et ce en imprimant le journal le *Réveil* qui contient l'article incriminé, complicité prévue et punie par les art. 59, 60 du code pénal et l'art. précité du décret, — Condamne Delescluse en trois mois d'emprisonnement, 5,000 fr. d'amende; — Fixe à deux ans la durée de la contrainte par corps, s'il y a lieu de l'exercer; — Dubuisson, (par défaut) en 15 jours d'emprisonnement, 500 fr. d'amende; fixe à 4 mois la durée de la contrainte par corps; — Les condamne solidairement auxdites amendes et aux dépens. »

Sur l'opposition de M. Dubuisson, le tribunal, par jugement du 5 août 1868, l'a déchargé de l'emprisonnement, et sur l'appel de M. Delescluze:

« La Cour, — Considérant que Delescluze a publié dans le numéro du 2 juillet 1868 du journal le *Réveil*, dont il est le gérant, un article intitulé : « A nos lecteurs, » commençant par ces mots. « Le *Réveil* pourrait se passer de programme, » et finissant par ceux-ci : « la politique de la liberté, » signé Delescluze; — Considérant que le but de cet article est de disposer les esprits au changement, par une révolution nouvelle, de la constitution qui nous régit; « qu'il faut, dit l'auteur, renouer la grande tradition française, réhabiliter le passé pour préparer l'avenir et mettre en chaque chose le fait d'accord avec le droit. C'est dans la révolution, continue-t-il, que la France a trouvé le secret de ces résurrections dont nous ne tarderons pas à saluer encore une fois l'aurore sans craindre désormais pour le lendemain. Pourquoi les périls qui nous assiégent? Parce que les règles fondamentales édictées par la sagesse révolutionnaire ont été mises en fourrière, que la liberté a disparu sous les restrictions, l'égalité sous les priviléges, parce que la solidarité n'existe que dans le mal, quand elle ne devrait exister que dans le bien; » — Considérant que, rappelant son séjour hors de France, Delescluze écrit : « Les échos de la patrie ne nous apportaient que désolation et désespérance; on nous disait que la France, affolée de repos et de jouissances, ne regettait pas sa liberté, estimant qu'après tout sa servitude était un doux oreiller; nous espérions que le dégoût viendrait, que la France ne pourrait se complaire éternellement à ces grossières satisfactions, qu'elle secouerait ces liens honteux. » Puis le rédacteur ajoute : « Nous rechercherons pourquoi toutes les questions où le gouvernement porte son activité se résolvent contre lui; le succès même ne lui réussit pas; » — Considérant qu'enfin le sens général de l'article est résumé par ces mots : « La France a tout donné pendant seize ans, et le prix de tant de sacrifices si longuement supportés, veut-on le connaître? Interrogez la stagnation des affaires, les souffrances des travaux, la diminution effrayante des valeurs, la décroissance de la population : voilà pour le dedans. Au dehors, la France n'est pas dans une de ces situations normales qui résultent d'une politique sagement conduite; elle n'est pas près de monter au Capitole pour célébrer les triomphes du système pratiqué sans elle et sur elle pendant seize ans; » — Considérant que l'ensemble de l'article poursuivi, les expressions outrageantes qu'il renferme, prouvent que Delescluze n'a point eu pour but la discussion loyale des actes du gouvernement permise par la loi, mais que son intention a été de représenter le gouvernement comme ayant conduit la France à l'état de décadence dans lequel il prétend qu'elle est tombée; qu'il a excité, avec mauvaise foi, à la haine et au mépris du gouvernement de l'Empereur; — délit prévu par l'art 4 du décret du 11 août 1848; — Adoptant, d'ailleurs, les motifs qui ont déterminé les premiers juges, en ce qu'ils n'ont pas de contraire aux considérants qui précèdent, etc. »

M. Saillard, pr.; M. Falconnet, rap.; M. Merveilleux-Duvignaux, av. gén.

Pourvoi de M. Delescluze. — 2 novembre 1868, désistement.

5e espèce. — Min. pub. c. Rochefort et Dubuisson (la *Lanterne*).
29 août et 25 novembre 1868. — Chambre correctionnelle.

14 août 1868, jugement du tribunal correctionnel de la Seine (6e ch., par défaut) :

« Le tribunal, — Attendu que Rochefort, gérant responsable, a publié à Paris, le 6 août 1868, le numéro 11 du journal la *Lanterne*; qu'à la page 11 dudit journal, déplaçant avec une intention criminelle évidente deux passages analysés du réquisitoire de M. l'avocat impérial dans la poursuite dirigée contre lui, Rochefort, pour coups sur la personne de Rochette, il se sert de ce raprochement pour adresser, par voie de comparaison, un outrage à la personne de l'Empereur; — Qu'à la page 24 il rappelle la lettre du 19 janvier, cherche son origine, mêle les sergents de ville à l'autorisation préalable, au droit de réunion, parle de la romance : *C'est pour l'enfant*, du *Verre d'eau* de Scribe, le tout pour accompagner à son gré un outrage à la personne de l'Empereur; — Attendu que ces outrages blessent et froissent la conscience et la susceptibilité de tout citoyen qui aime son pays, quelle que soit l'opinion politique à laquelle il appartienne; — Qu'ils constituent donc une offense envers la personne du souverain; — Qu'en les publiant, Rochefort s'est donc rendu coupable du délit prévu et puni par les art. 1er et 9 de la loi du 17 mai 1819; — Attendu qu'aux pages 1, 2, 4, 7, 15, 16, 36, 58, 59 du même journal, Rochefort affirme qu'on lui a tendu un piége et qu'il sait mieux que personne à quel point le gouvernement est peu difficile sur le choix des moyens... que la fabrique des mensonges édités contre lui est encouragée par le gouvernement;... — Qu'il ajoute, à la page 7 : « Que parle-t-on donc constamment des « excès de 93 et des assassinats de Trestaillon dans le Midi? mais la « France n'a jamais rien vu de comparable à ce qui se passe maintenant. » — Que plus loin il déclare que le jugement qui l'a frappé démasque clairement les batteries gouvernementales dressées contre lui; que le gouvernement récompensera ses amis avec la même audace qu'il destituera ses ennemis; qu'il ne connaît que deux espèces de

Français, ses amis et ses ennemis; — Puis il ajoute : « Voyons, mes « chers camarades, il faut s'entendre ; quand le gouvernement propose « un projet de loi libéral, vous vous imaginez donc que c'est sérieux?» — Plus loin, il adjure les citoyens de toutes classes, qui gémissent si amèrement, dans les lettres qu'ils lui écrivent, de la prostitution morale à laquelle la patrie se livre quodidiennement, de se rassurer un peu, et il termine ainsi : « La France est déjà tombée, je ne dis « pas plus bas, parce que personne ne me croirait, mais aussi bas, ou « a peu près... Toutefois notre pays n'a pas les muscles si usés qu'il ne «puisse se remettre sur ses jambes ; » —Attendu que ces affirmations, imputations, allégations ont été ainsi réunies, rapprochées, combinées dans un but évident de dénigrement et d'attaque contre le gouvernement; — Que cet agissement ne ressemble, ni de près ni de loin, à aucun genre de critique ou de censure des actes dudit gouvernement; — Qu'en effet, on ne trouve dans le journal aucune question politique, littéraire ou artistique mise en discussion ; — Que Rochefort a donc excédé le droit qui appartient au publiciste; — Que son intention criminelle est manifeste ; qu'elle est écrite à chacune des pages du journal; — Qu'en publiant ledit numéro de la *Lanterne*, il s'est donc rendu coupable du délit d'excitation à la haine et au mépris du gouvernement, prévu et puni par l'art. 4 du décret du 11 août 1848 ; — Attendu que Dubuisson s'est rendu complice du délit commis par Rochefort, en l'aidant avec connaissance dans les faits qui l'ont préparé, facilité et consommé, et ce, en imprimant le numéro du journal la *Lanterne* qui contient les passages incriminés, complicité prévue et punie par les art. 59 et 60 du code pénal et les articles précités de la loi du 17 mai 1819, — Condamne Rochefort en une année d'emprisonnement, 10,000 fr. d'amende, fixe à deux ans la durée de la contrainte par corps; Dubuisson en deux mois de prison, 2,000 fr. d'amende, fixe à huit mois la durée de la contrainte par corps; — Les condamne tous deux solidairement aux amendes et aux dépens. »

Appel par M. Rochefort qui ne comparaît pas.

« La Cour, — Considérant que de Rochefort a publié à Paris, le 8 août 1868, le numéro 11 du journal la *Lanterne*, dont il est le rédacteur-gérant; — Que les premiers juges ont déclaré que cet écrit contenait les délits d'offense envers la personne de l'Empereur, et d'excitation à la haine et au mépris du gouvernement ; — En ce qui touche le délit d'offense envers la personne de l'Empereur : — Considérant que de Rochefort, après avoir énoncé « que le principal argument du ministère public, dans une poursuite dirigée contre lui, était qu'il s'attaquait aux gens plus haut placés que lui, ajoute qu'il n'a jamais su si, dans la pensée du ministère public, il s'agissait de Stamir ou de l'Empereur des Français ; » — Considérant que ce rapprochement renferme une offense dirigée avec intention coupable contre la personne de l'Empereur ; — Considérant que, dans un autre passage de ce même numéro de la *Lanterne*, de Rochefort écrit « que la fameuse lettre de l'Empereur du 19 janvier a été inspirée par la déclaration de MM. de la Valette et Rouher, qu'avec le système de compression employé depuis quinze années, le règne du prince Impérial devenait une improbabilité voisine de l'impossible ; que l'Empereur, frappé de cette appréciation, se décida à mettre la liberté dans ses meubles (et quels meubles! un buffet en noyer, deux chaises et un pot à l'eau) ; ainsi, continue-t-il, cette abolition de l'autorisation préalable, ce droit de réunion, qui n'a encore profité qu'aux sergents de ville, nous le devons à un enfant de douze ans, qui n'en avait alors que dix ; » — Que Rochefort termine ce passage en disant : « J'ai entendu quelquefois une romance intitulé : *C'est pour l'enfant ;* je n'aurais jamais pensé que ce refrain pût avoir un jour une influence quelconque sur l'avenir de ma patrie ; » — Considérant que dans cette partie du journal incriminé les intentions de l'Empereur sont travesties, ses actes sont tournés en dérisions ; qu'elle contient donc également le délit d'offense envers la personne de l'Empereur ; — En ce qui touche le délit d'excitation à la haine et au mépris du gouvernement : — Considérant que de Rochefort commence par déclarer « qu'on lui a tendu un piége, qu'il y a donné en plein, et que cependant il savait mieux que personne à quel point le gouvernement est peu difficile sur le choix des moyens ; » qu'il écrit ensuite : « La fabrique de mensonges encouragés par le gouvernement a mis en vente des produits d'une qualité plus rare encore ; que parle-t-on des excès de 93 et des assassinats de Trestaillon dans le Midi : mais la France n'a jamais rien vu de comparable à ce qui se passe maintenant. Ces honorables bonapartistes, comme s'intitulent eux-mêmes ces marchands d'immondices, seraient bien bons d'y mettre de la discrétion ; qu'ils achètent des couteaux-poignards et viennent nous les enfoncer dans le ventre ; » — Il dit encore : « Le jugement qui m'a frappé démasque clairement les batteries gouvernementales. Voyons, mes chers camarades, il faut s'entendre : quand le gouvernement présente une loi libérale, vous vous imaginez donc que c'est sérieux; j'ai écrit ceci : Que les bons tremblent et que les méchants se rassurent. Vous voyez que j'avais raison; » — Considérant qu'enfin de Rochefort termine par les expressions suivantes : « Quant aux citoyens qui gémissent si amèrement de la prostitution morale à laquelle la patrie se livre quotidiennement, qu'ils se rassurent un peu. La France est déjà tombée, je ne dis pas plus bas, mais aussi bas ou à peu près; » — Considérant que, dans ces divers passages et dans l'ensemble de l'écrit poursuivi, de Rochefort cède aux plus mauvaises passions; que chaque expression révèle ses sentiments de haine contre le gouvernement et tous les pouvoirs publics; qu'il a donc excité, avec la plus complète mauvaise foi, à la haine et au mépris du gouvernement; —Adoptant, au surplus, les motifs qui ont déterminé les premiers juges, en ce qu'ils n'ont pas de contraire aux considérants qui précèdent, etc. »

M. Saillard, pr.; M. Desmaze, rap., M. Grandperret, pro. gén.

M. Dubuisson a formé opposition au jugement ci-dessus du 14 août 1868. — 9 octobre 1868, jugement du tribunal correctionnel de la Seine, (7e ch., M. Casenave président) :

« Le tribunal, après avoir délibéré conformément à la loi, reçoit Dubuisson opposant en la forme au jugement par défaut rendu contre lui, par la sixième chambre du tribunal correctionnel de la Seine, le 14 août 1868, et qui l'a condamné à deux mois d'emprisonnement et 2,000 fr. d'amende, pour complicité des délits d'offense à la personne de l'Empereur et d'excitation à la haine et au mépris du gouvernement, et statuant sur la dite opposition par jugement nouveau : — Attendu que Dubuisson ne s'est pas disculpé; qu'il demeure établi qu'il s'est, en 1868, à Paris, rendu complice des délits susénoncés dont Rochefort-Luçay a été reconnu coupable, et ce, en l'aidant avec connaissance dans les faits qui les ont préparés, facilités et consommés, en imprimant le numéro du journal la *Lanterne*, en date du 8 août 1868, qui contient des passages cités dans le jugement susdaté; — Attendu toutefois que, par suite des explications de Dubuisson, il y a lieu de modifier la peine prononcée contre lui par le jugement du 14 août 1868; — Par ces motifs, — Condamne Dubuisson à un mois d'emprisonnement, 4,000 fr. d'amende et aux dépens de son opposition; — Fixe à deux ans la durée de la contrainte par corps, s'il y a lieu de l'exercer. »

Appel par M. Dubuisson et par M. le procureur impérial.

« La Cour, — (Reproduction du texte de l'arrêt rendu contre Rochefort, avec l'addition suivante) : — Considérant que Dubuisson s'est rendu complice des délits commis par de Rochefort en l'aidant et assistant avec connaissance dans les faits qui ont préparé, facilité et consommé ces délits, et ce en imprimant le numéro du journal la *Lanterne* qui renferme lesdits délits ; — Adoptant au surplus les motifs qui ont déterminé les premiers juges ; — En ce qui concerne l'appel du procureur impérial : — Considérant que les premiers juges ont omis d'ordonner, conformément aux prescriptions de l'art. 26 de la loi du 26 mai 1819, la suppression et la destruction des exemplaires du journal la *Lanterne* qui ont été saisis et de ceux qui pourraient l'être ultérieurement ; — Par ces motifs, — Met l'appellation et le jugement dont est appel au néant, en ce que les premiers juges n'ont pas ordonné la suppression et la destruction des exemplaires saisis du journal la *Lanterne* et de ceux qui pourront l'être ultérieurement ; — Emendant quant à ce, ordonne la suppression et la destruction des exemplaires du numéro 11 du journal la *Lanterne* qui ont été saisis et de tous ceux qui pourront être saisis ultérieurement ; — Ordonne que, pour le surplus, le jugement dont est appel sortira son plein et entier effet ; — Condamne Dubuisson aux dépens. »

M. Saillard, pr.; M. Dufour, rap.; M. Aubépin, av. gén.; Me Lachaud, avocat.

6e espèce. — Gaittet c. Min. Pub.

18 et 25 novembre 1868. — Chambre correctionnelle.

M. Henri Rochefort est prévenu d'offense envers la personne de l'Empereur, d'excitation à la haine et au mépris du gouvernement, d'outrage à une religion légalement reconnue en France, et M. Gaittet, imprimeur, est poursuivi comme complice de ces délits.

29 août 1868, jugement, par défaut, du tribunal correctionnel de la Seine (6e ch. — M. Delesvaux, pr.; M. Angot des Rotours, subst.).

« Le tribunal, — Attendu que Rochefort, gérant responsable, a publié à Paris le no 13 du journal la *Lanterne*, qu'il a signé ; — Attendu qu'aux pages 62 et 63, il s'occupe du jugement rendu contre lui le 14 août dernier, reprend le réquisitoire de l'avocat impérial, et, à l'aide d'un rapprochement et d'une comparaison, adresse un outrage à la personne de l'Empereur ; — Qu'il aggrave cet outrage en affirmant de nouveau la confusion qui s'est faite dans son esprit à cette occasion ; — Qu'aux pages 102 et 103, il parle des jugements récents rendus par le tribunal, lesquels n'ont point été frappés d'appel par les parties intéressées, les rapproche du jugement rendu par le tribunal de Bruxelles et trouve le moyen de quitter le terrain judiciaire pour adresser un outrage à la personne de l'Empereur ; — Attendu que ces outrages prémédités, édités et réédités à jour fixe, blessent profondément la conscience publique ; — Qu'ainsi, ils constituent une offense envers la personne du souverain ; — Qu'en les publiant, Rochefort s'est donc rendu coupable du délit prévu et puni par l'article 9 de la loi du 17 mai 1819 ; — Attendu que, dans l'ensemble dudit journal, Rochefort se livre, dans un but criminel d'attaque et de dénigrement, à des affirmations sans discussion de faits qui sont de nature à exciter à la haine et au mépris du gouvernement ; — Que, notamment, il affirme, à la page 62, que le gouvernement avait médité un coup contre lui Rochefort ; que ce coup avorte, et qu'alors on soutient qu'il n'en a jamais été question ; — Que ce qu'on a fait pour lui, on l'a fait dans l'affaire du Luxembourg ; — Le tout, sans autre preuve que l'affirmation de l'auteur ; — qu'à la page 78 il affirme de nouveau la conspiration du gouvernement contre sa personne, à raison des droits de timbre qu'il lui a payés et de l'obligation où il va se trouver de payer les amendes auxquelles il est condamné ; — Qu'enfin, aux pages 104 et 105, il dit clairement que le même gouvernement paie ses diffamateurs ; — Le tout, toujours sans autre preuve que son affirmation ; — Attendu que l'intention criminelle du prévenu ne peut être mieux établie et caractérisée que par lui-même ; —Qu'en effet, qu'à la page 94, on lit : « Si vous avez le courage de lire la collection de la *Lanterne*, vous y verrez que je n'ai jamais attaqué ni un orléaniste, ni un légitimiste ; j'ai toujours coalisé mes alinéas contre un seul parti et une seule opinion ; » —Attendu qu'on ne saurait assimiler ces articles aux discussions critiques et censures des actes du gouvernement, qui appartiennent aux publicistes ; qu'en les publiant, Rochefort a donc excédé son droit d'écrivain ; — Que dès lors il s'est rendu coupable du délit prévu et puni par l'article 4 du décret du 11 août 1848 ; — Attendu qu'à la page 83 on lit : « Mgr l'archevêque de Paris, à l'occasion de la fête du chef de l'État, qui est également celle de l'Assomption, a reçu de l'Empereur, sur la proposition de la sainte Vierge, la croix de grand officier de la Légion d'honneur. L'archevêque de Paris étant le représentant de Jésus-Christ sur la terre, j'en suis arrivé à me demander si notre divin Maître a été réellement crucifié, et si Ponce Pilate n'a pas simplement dit aux Juifs : « Ah ! vous voulez une croix pour ce juste, eh bien ! je lui donne celle de grand-officier. » En tout cas, les archevêques dont l'humilité chrétienne consiste à se faire cribler de crachats et de diamants, font tout pour propager cette nouvelle interprétation de la passion de Notre-Seigneur. Ce qui ôte quelque fondement à cette légende, c'est qu'il faudrait supposer que les deux larrons ont été décorés aussi, mais, en y réfléchissant, il n'y a rien là d'absolument impossible. » — Attendu qu'en publiant ces choses, Rochefort, avec une intention criminelle manifeste, a outragé et tourné en dérision la religion catholique, dont l'établissement est légalement reconnu en France ; — Qu'il a froissé ce qu'il y a de plus sacré au fond du cœur de l'homme honnête, c'est-à-dire sa croyance religieuse, quelle que soit d'ailleurs la religion à laquelle il appartienne ; — Qu'il ne lui reste plus rien à attaquer ; — Qu'il s'est ainsi rendu coupable du délit prévu et puni par l'article 1er de la loi du 25 mars 1822 ; — Attendu que Gaittet s'est rendu complice des délits commis par Rochefort, en l'aidant et assistant, avec connaissance, dans les faits qui les ont préparés, facilités et consommés, et ce, en imprimant le numéro 13 de la *Lanterne*, qui contient les articles incriminés, complicité prévue et punie par les articles 59 et 60 du Code pénal et les articles précités des lois et décrets de 1819, 1848 et 1822, l'article 9 de la loi de 1819 devant être appliqué comme contenant la peine la plus forte; — En faisant application, condamne Rochefort en treize mois d'emprisonnement, 10,000 francs d'amende, fixe à deux ans la durée de la contrainte par corps ; dit et ordonne que les présentes peines ne se confondront point avec celles précédemment prononcées; — Condamne Gaittet en deux mois de prison, 2,000 fr. d'amende ; fixe à six mois la durée de la contrainte par corps ; — Les condamne solidairement aux amendes et aux dépens. »

M. Gaittet a formé une opposition qui a été rejetée par jugement du neuf octobre 1868, dont M. le procureur impérial a interjeté appel pour faire réparer une omission des premiers juges.

« La Cour, — Adoptant les motifs qui ont déterminé les premiers juges, mais considérant que les premiers juges ont omis d'ordonner, conformément aux prescriptions de l'art. 26 de la loi du 26 mai 1819, la suppression et la destruction des numéros du journal la *Lanterne* qui ont été saisis et de tous ceux qui pourraient l'être ultérieurement, — Met l'appellation et le jugement dont est appel au néant en ce que les premiers juges n'ont pas ordonné la suppression et la destruction des numéros saisis du journal la *Lanterne* et de ceux qui pourront être saisis ultérieurement; — Emendant quant à ce, — Ordonne la suppression et la destruction des exemplaires du numéro 13 du journal la *Lanterne* qui ont été saisis ultérieurement; — Ordonne que pour le surplus le jugement dont est appel sortira son plein et entier effet; — Condamne Gaittet aux dépens. » (Arrêt par défaut.)

M. Saillard, pr.; M. Dufour, rap.; M. Aubépin, av. gén.

N° 1684.

PRESSE. — PROCÈS EN DIFFAMATION. — COMPTE RENDU. — JURIDICTION CIVILE.

Est générale et absolue l'interdiction de rendre compte des procès pour outrages ou injures, ou des procès en diffamation dans lesquels la preuve des faits diffamatoires n'est pas admise.

Elle s'applique à ces procès même quand ils sont portés devant la juridiction civile (loi du 27 juillet 1849, art. 11). (1re et 4e espèces.)

L'interdiction du compte rendu des procès de presse est générale et absolue, et s'applique à tous ces procès, même quand il s'agit d'une diffamation envers un fonctionnaire pour des faits relatifs à ses fonctions (loi du 27 juillet 1849, art. 11; et décret du 17 février 1852, art. 17). (2e espèce.)

L'expression délits, *employée par l'article 17 du décret du 17 février 1852 qui prohibe le compte rendu, doit s'entendre de toutes les infractions punissables de peines correctionnelles.* (3e espèce.)

1re espèce. — De Villemessant (le *Figaro*) c. Min. pub.

27 novembre 1868. — Chambre. correctionnelle.

7 août 1868, jugement rendu par le tribunal civil de la Seine (1re ch., M. Benoit-Champy, président) sur la demande en dommages-intérêts pour diffamation de M. Rochefort contre MM. Stamir et Marchal :

« Le tribunal, — En la forme, joint les deux demandes principales et les demandes reconventionnelles, et statuant au fond sur le tout; — En ce qui touche la demande principale de Rochefort contre Stamirowski, dit *de Stamir* : — Attendu que, dans la publication périodique appelée l'*Inflexible*, le défendeur a outragé à plusieurs reprises, et de la manière la plus grave, Henri Rochefort; — Que, notamment, dans le numéro désigné sous le titre de *Troisième et dernière avant-garde*, et dans l'article de ce numéro intitulé *Henri Rochefort*, le défendeur, après avoir appliqué à ce nom les épithètes les plus injurieuses, a été jusqu'à insinuer sous forme interrogative, mais suffisamment claire pour valoir une affirmation, que Rochefort n'aurait pu obtenir l'autorisation de porter une décoration étrangère, parce qu'à l'examen de son dossier judiciaire, on aurait constaté l'existence de deux condamnations pour escroquerie. — Attendu qu'une telle imputation est diffamatoire au premier chef, et qu'il n'a pu en résulter qu'une grave atteinte à l'honneur et à la considération de celui contre qui elle a été dirigée; — En ce qui touche la demande principale de

Rochefort contre Marchal, dit de Bussy : — Attendu que, dans une brochure publiée sous ce titre : *le Cas de M. Rochefort*, par Charles de Bussy, auteur des *Impurs du Figaro*, Marchal a prodigué au demandeur, sous la forme la plus violente, l'injure, l'outrage et la menace ; — Que, non content d'avoir appliqué à son adversaire, à la page 3 de son libelle, les épithètes les plus outrageantes, il n'a pas craint de blesser les délicatesses et les susceptibilités les plus respectables, en articulant que la fille même du demandeur pourrait avoir un jour à rougir de porter le nom de son père ; — Attendu que la gravité de pareilles articulations suffit pour établir le préjudice dont on demande la réparation ; — En ce qui touche la demande reconventionnelle de Stamirowski, dit de Stamir : — Attendu que, dans le n° 6 de la publication périodique la *Lanterne*, Henri Rochefort, répondant à un article de l'*Inflexible* dirigé contre sa vie privée, a désigné l'auteur de cet article par le titre d'*échappé de prison*, et lui a imputé de *déshonorer la police*, à laquelle il serait secrètement attaché ; — Que, dans le n° 7 de la même publication, répondant à l'article dans lequel de Stamir avait dirigé contre lui une imputation d'escroquerie, Rochefort a encore appliqué a l'auteur de cet article les qualifications de *repris de justice* et *gibier de prison*. — Attendu que ces expressions injurieuses ne peuvent être excusées même par les provocations antérieurement dirigées contre leur auteur ; — Que des provocations de cette nature, si violentes qu'elles soient, n'autorisent jamais de pareilles réponses ; — Que néanmoins celles dont Rochefort a été l'objet, sans effacer entièrement les torts qu'on lui reproche, les atténuent dans une certaine mesure et motivent une diminution proportionnelle du chiffre de la réparation ; — En ce qui touche la demande reconventionnelle de Marchal, dit de Bussy ; — Attendu que cette demande ne repose que sur des griefs généraux auxquels le demandeur n'a donné aucune précision ; — Qu'elle ne fait connaître ni les expressions des articles injurieux ou diffamatoires, ni les numéros des feuilles périodiques dans lesquelles ces articles auraient été publiés ; — Qu'enfin le demandeur n'a apporté à l'appui de sa demande aucune espèce de justification ; — En ce qui touche les dommages-intérêts : — Attendu que, bien que les demandeurs n'aient pas fixé le chiffre des dommages-intérêts qu'ils réclament et se soient bornés à en demander la fixation par état, il appartient au tribunal d'en déterminer dès à présent l'importance et la quotité, d'après les circonstances de la cause ; — Par ces motifs, — Condame Stamirowski, dit de Stamir, et Marchal, dit de Bussy à payer à Rochefort chacun 3,000 fr. de dommages-intérêts : Condamne Rochefort à payer à Stamirowski, dit de Stamir, la somme de 500 fr. au même titre ; —

Déboute Marchal dit *de Bussy*, de sa demande reconventionnelle; — Ordonne l'insertion des motifs et du dispositif du présent jugement dans quatre journaux, au choix de Rochefort et aux frais de Stamir et de Marchal, et dans un journal au choix de Stamir et aux frais de Rochefort; — Fait masse des dépens de l'instance entre Rochefort et de Stamir, lesquels seront supportés dans la proportion des trois quarts par de Stamir et d'un quart par Rochefort. — Condamne Marchal aux autres dépens. »

Le compte rendu de ce procès a été publié par M. de Villemessant, gérant du *Figaro*, qui, pour ce fait, est traduit, le 12 août 1868, devant le tribunal correctionnel de la Seine (6e ch., M. Delesvaux, président) (loi du 27 juillet 1849, art. 11). A cette audience, un jugement est rendu par défaut contre lui :

« Le tribunal, — Attendu qu'aux termes de l'art. 11 de la loi du 27 juillet 1849, il est interdit de rendre compte des procès pour outrages ou injures et des procès en diffamation où la preuve des faits diffamatoires n'est pas admise par la loi ; — Attendu que l'expression employée par le législateur est générale, absolue, et comprend tous les procès de cette nature, sans distinguer s'ils sont portés devant la juridiction correctionnelle ou devant la juridiction civile; — Qu'en effet, les motifs déterminants de l'interdiction sont les mêmes devant les deux juridictions; — Attendu que Rochefort a cité devant le tribunal civil de la Seine, première chambre, Stamir et Marchal, afin d'obtenir contre eux des dommages-intérêts, à fournir par état, à raison de calomnies et diffamations lancées contre lui par voie de la presse ; — Qu'une demande reconventionnelle a été formée à fins semblables et par mêmes motifs par Stamir et Marchal contre Rochefort; — Qu'à l'audience du 31 juillet 1868, l'affaire a été plaidée et que le ministère public a donné ses conclusions ; — Attendu que, dans le numéro du journal le *Figaro* du 2 août suivant, de Villemessant, gérant responsable, a publié le compte rendu de cette audience, en donnant la plaidoirie de Me Laurier, avocat de Rochefort, et le réquisitoire de M. l'avocat impérial Chevrier; — Qu'en agissant ainsi il s'est donc rendu coupable du délit prévu et puni par l'art. 11 de la loi du 27 juillet 1849 ; — Condamne ledit de Villemessant en 500 fr. d'amende, fixe à quatre mois la durée de la contrainte par corps, et le condamne aux dépens. »

Sur l'opposition de M. de Villemessant, jugement contradictoire rendu le 11 septembre 1868 par la 6e ch. (M. Lancelin, président) :

« Le tribunal, — En la forme : — Attendu que l'opposition formée par de Villemessant au jugement du 12 août 1868 est regulière, admet ladite opposition ; — Et statuant au fond : — En droit : — Attendu qu'aux termes de l'art. 11 de la loi du 27 juillet 1849, il est interdit de rendre compte des procès pour outrages ou injures et des procès en diffamation où la preuve des faits diffamatoires n'est pas admise par la loi; — Que, dans le langage juridique, le mot « procès » comprend dans sa généralité toute instance, soit civile, soit correctionnelle; — Que si, dans le même article, le législateur a dit que la plainte pourrait seulement être annoncée, sur la demande du plaignant, il ne faut pas conclure de là que le législateur, faisant tout aussitôt échec à la prohibition qu'il vient de poser dans les termes les plus larges, ait entendu la circonscrire aux procès criminels; qu'il n'a pas eu d'autre pensée que de conférer à celui qui prétend avoir été diffamé, outragé, injurié, l'autorisation d'annoncer la demande par lui formée contre son adversaire; que si le législateur a employé les expressions : « plainte et plaignant, » il l'a fait d'une façon purement énonciative et non restrictive, prenant le diffamé, l'outragé, l'injurié dans la qualité qu'il se donne le plus volontiers, de « plaignant au criminel; » que le législateur n'a donc statué qu'en vue du cas le plus ordinaire, celui où c'est la justice de répression qui est saisie : — Attendu que, cette question de texte écartée, il convient de rechercher le but que s'est proposé le législateur; que si l'on interroge la discussion qui a précédé l'adoption de la loi, on demeure convaincu qu'il a voulu employer tous les moyens contre la reproduction donnée à des faits diffamatoires; pour empêcher que le délit ne s'aggrave par la publicité des débats judiciaires; — Que les motifs déterminants de l'interdiction sont les mêmes devant la juridiction criminelle et devant la justice civile; — Que là où l'on trouve les mêmes raisons, la même solution doit être admise; — Attendu d'ailleurs que la distinction que l'on s'efforce de tirer de la différence de juridiction ne saurait se justifier; — Qu'en effet, lorsque l'action est portée devant la juridiction civile, lorsqu'elle a pour but des faits de diffamation et d'injures, caractérisés dans le sens légal, c'est tout aussi bien que devant la juridiction correctionnelle un procès en diffamation et en injures qui s'agite et se débat; — Qu'une demande reconventionnelle, basée sur des imputations de même nature, a été formée contre Rochefort par Marchal et Stamir; — Attendu que les parties dans leurs écritures, Me Laurier, avocat de Rochefort, dans sa plaidoirie, le ministère public dans ses conclusions, le tribunal dans son jugement, ont qualifié les imputations relevées de diffamations, outrages et injures; — Qu'il s'agissait donc, dans l'espèce, d'un procès pour outrages et injures, d'un procès en diffamation; — En fait : — Attendu que, dans le numéro du journal le *Figaro* du 2 août 1868, de Villemessant, gérant responsable, a publié le compte rendu des débats dudit procès, en donnant la plaidoirie de Me Laurier, avocat, et les conclusions de M. l'avocat impérial Chevrier; — Que, par cette publication, de Villemessant a contrevenu aux prescriptions de l'art. 11 de la loi du 27 juillet 1849; — Pour quoi, lui faisant application des dispositions de cet article; — Vu également les dispositions de l'art. 463 du code pénal, à raison de l'existence de circonstances atténuantes, — Condamne de Villemessant en 50 fr. d'amende, fixe à dix jours la durée de la contrainte par corps, s'il est besoin d'y recourir; — Condamne de Villemessant aux dépens. »

Appel par M. de Villemessant qui fait défaut (1).

« La Cour, — Considérant que l'art. 11 de la loi du 27 juillet 1819 interdit de rendre compte des procès pour outrages ou injures et des procès en diffamation où la preuve des faits diffamatoires n'est pas admise pas la loi; — Que cette interdiction est générale et absolue et ne reçoit de limite que dans le cas où la preuve des faits diffamatoires est permise par la loi; qu'il s'ensuit qu'elle s'applique à tous les procès intentés pour outrage, injure ou diffamation, quelle que soit la juridiction appelée à statuer; qu'ainsi il est défendu de publier les débats des procès devant les tribunaux civils pour outrage, injure ou diffamation; — Que les considérations de haute moralité et de paix publique qui ont conduit le législateur à interdire la publication des débats en matière d'outrage, d'injure ou de diffamation ont la même force et devraient amener la même solution, soit que le procès ait été engagé devant les tribunaux civils, soit qu'il ait été porté devant les tribunaux de répression; — Considérant que la partie qui poursuit devant les tribunaux civils la réparation du dommage causé par le délit d'outrage, d'injure et de diffamation use du droit que lui confèrent les articles 2 et 3 du code d'instruction criminelle de porter l'action civile résultant d'un délit devant la juridiction civile; qu'aux termes de ces articles, l'action civile conserve sa nature et reste soumise aux mêmes règles, soit que la partie l'exerce en même temps et devant les mêmes juges que l'action publique, soit qu'elle préfère saisir la juridiction civile; que l'action civile restant la même, quelle que soit la différence de la juridiction saisie, la prohibition de rendre compte des débats doit également demeurer soumise aux mêmes règles: — Considérant que les expressions « plainte et plaignant, » qui se trouvent dans l'art. 11 de la

(1) La Cour, par arrêt du 22 janvier 1869, a débouté M. de Villemessant de son opposition aux quatre arrêts rendus le même jour contre lui.

loi du 27 juillet 1849, ne limitent point le sens et la portée de cet article ; qu'en effet, ces expressions conviennent tout aussi bien à la partie qui poursuit devant le tribunal civil qu'à celle qui a saisi le tribunal de répression ; — Considérant que l'objection tirée de ce que les tribunaux civils peuvent, s'ils le jugent convenable, aux termes de l'art. 17 du décret du 17 février 1852, interdire le compte rendu des procès portés devant eux, n'a aucune valeur, puisque le même droit appartient au tribunal correctionnel, et que, cependant, il est reconnu que la loi défend expressément la publication des procès pour outrage, injure ou diffamation dont ces tribunaux sont saisis ; — Adoptant au surplus les motifs qui ont déterminé les premiers juges, — Met l'appellation au néant; ordonne que le jugement dont est appel sortira son plein et entier effet; — Condamne de Villemessant aux dépens. »

M. Saillard, pr.; M. Dufour, rap.

2e espèce. — De Villemessant (le *Figaro*) c. Min. pub.

27 novembre 1868. — Chambre correctionnelle.

MM. de Villemessant, gérant, Jules Claretie, rédacteur, et Dubuisson, imprimeur du *Figaro*, sont prévenus : le premier, d'avoir dans ce journal, le 19 juillet 1868, publié un article diffamatoire contre M. Pastoureau, préfet d'Indre-et-Loire, pour des faits relatifs à ses fonctions; le second, d'avoir écrit cet article ; le troisième, de l'avoir imprimé (loi du 17 mai 1819, art. 13 et 16; code pénal, art. 59 et 60).

11 août 1868, jugement par défaut contre les trois prévenus (6e ch., M. Delesvaux, président) :

« Le tribunal, — Attendu que, dans le numéro du journal le *Figaro* du 19 juillet 1868, de Villemessant, gérant responsable, a publié à Paris un article intitulé : « Courrier de Paris, » et signé : « Candide » (pseudonyme de Jules Claretie); — Attendu que, dans cet article, l'auteur annonce qu'il va conter une anecdote, qui se trouve tout au long dans le livre intitulé : *La province en décembre* 1851, par Eugène Ténot ; — Qu'alors il fait arriver M. Pastoureau dans le Var, en qualité de préfet, lui impute d'avoir fait fusiller un cultivateur porteur d'une dépêche d'un chef des insurgés à un autre chef, en disant : « C'est bien, qu'on le fusille ! » — Que, ce cultivateur, du nom de Martin Bidauré, ayant survécu à l'exécution, M. Pastoureau, l'ayant appris, le fit arrêter le 12 décembre, au château de la Baume, le fit conduire tout sanglant à l'hôpital, et le fit fusiller de nouveau, le 14 ; — Attendu que ces allégations et imputations de faits relatifs aux fonctions portent atteinte à l'honneur et à la considération de M. Pastoureau; — Qu'elles ont été faites avec l'intention manifeste de nuire à sa personne; — Qu'en effet, si on se reporte à l'ouvrage publié par M. Eugène Ténot et cité par le *Figaro*, on trouve l'anecdote à la page 255, mais le nom de M. Pastoureau n'y est point écrit, non plus que les paroles que l'auteur de l'article lui prête; on y parle de l'autorité sous l'expression générique : « On, » et c'est par ordre de l'autorité que la seconde exécution de Martin Bidauré aurait eu lieu; que cette retenue de l'auteur de l'ouvrage est d'autant plus significative qu'à ce moment le département du Var était en état de siége; — Que dès lors, en publiant ledit article de Villemessant s'est rendu coupable envers M. Pastoureau, préfet d'Indre-et-Loire, du délit de diffamation prévu et puni par les art. 13 et 16 de la loi du 17 mai 1819; — Attendu que Jules Claretie et Dubuisson se sont rendus coupables de ce délit, en aidant et assistant de Villemessant dans les faits qui l'ont préparé, facilité et consommé, et ce, Jules Claretie en fournissant l'article incriminé, sachant qu'il devait être publié, et Dubuisson en imprimant le numéro du journal le *Figaro* qui le contient, complicité prévue et punie par les art. 59 et 60 du code pénal et les art. précités de la loi de 1819, — Condamne de Villemessant en 1,000 fr. d'amende, — Jules Claretie en 1,000 fr. d'amende; — Fixe à six mois la durée de la contrainte par corps; — Dubuisson en 300 fr. d'amende; — Fixe à trois mois la durée de la contrainte par corps; — Les condamne tous solidairement aux amendes et aux dépens. »

Sur l'opposition de MM. de Villemessant et Claretie, jugement contradictoire du 25 août 1868, (6e chambre M. Delesvaux, président) :

« Le tribunal, — Attendu que, dans le numéro du journal le *Figaro* du 19 juillet 1868, de Villemessant, gérant responsable, a publié à Paris un article intitulé : « Courrier de Paris, » et signé : « Candide » (pseudonyme de Jules Claretie); — Attendu que, dans cet article, l'auteur annonce qu'il va conter une anecdote, qui se trouve tout au long dans le livre intitulé : *La province en décembre* 1851, par Eugène Ténot; — Qu'alors il fait arriver M. Pastoureau dans le Var, en qualité de préfet, lui impute d'avoir fait fusiller un cultivateur porteur d'une dépêche d'un chef des insurgés à un autre chef, en disant : « C'est bien, qu'on le fusille! » — Que, ce cultivateur, du nom de Martin Bidauré, ayant survécu à l'exécution, M. Pastoureau, l'ayant appris, le fit arrêter le 12 décembre, au château de la Beaume, le fit conduire tout sanglant à l'hôpital, et le fit fusiller de nouveau, le 14; — Attendu que ces allégations et imputations de faits relatifs aux fonctions portent atteinte à l'honneur et à la considération de M. Pastoureau; — Qu'elles ont été faites avec l'intention manifeste de nuire à sa personne; — Qu'en effet, si on se reporte à l'ouvrage publié par

M. Eugène Ténot et cité par le *Figaro*, on trouve l'anecdote à la page 255, mais le nom de M. Pastoureau n'y est point écrit, non plus que les paroles que l'auteur de l'article lui prête : on y parle de l'autorité sous l'expression générique : « On, » et c'est par ordre de l'autorité que la seconde exécution de Martin Bidauré aurait eu lieu ; que cette retenue de l'auteur de l'ouvrage est d'autant plus significative qu'à ce moment, le département du Var était en état de siége ; — Attendu que la dernière phrase de l'article incriminé fait disparaître l'ombre du doute sur l'intention qu'a eue l'auteur de nuire à M. Pastoureau, en lui imputant des faits diffamatoires ; — Qu'elle démontre jusqu'à l'évidence la plus absolue qu'il a ajouté au récit de Ténot, et que les expressions génériques qu'il a employées à son tour, il les applique à M. Pastoureau et non à une autre autorité ; — Qu'en effet, cette phrase ainsi conçue : — « Et voilà pourquoi je n'ai pas trop ri en lisant le « discours de M. Pastoureau, cet homme gai qui s'est montré moins « généreux que le destin. » — Qu'on ne saurait invoquer sérieusement les grandes franchises de l'histoire à propos de l'article incriminé, qui n'a jamais eu cette prétention ; — Que, dès lors, en publiant ledit article, de Villemessant s'est rendu coupable envers M. Pastoureau, préfet d'Indre-et-Loire, du délit de diffamation prévu et puni par les art. 13 et 16 de la loi du 17 mai 1819 ; — Attendu que Jules Claretie et Dubuisson se sont rendus coupables de ce délit, en aidant et assistant de Villemessant dans les faits qui l'ont préparé, facilité et consommé, et ce, Jules Claretie en fournissant l'article incriminé, sachant qu'il devrait être publié, et Dubuisson en imprimant le numéro du journal le *Figaro* qui le contient, complicité prévue et punie par les art. 59 et 60 du code pénal et les articles précités de la loi de 1819, — Condamne de Villemessant en 1,000 fr. d'amende, — Jules Claretie en 1,000 fr. d'amende ; — Fixe à six mois la durée de la contrainte par corps ; — Dubuisson en 300 fr. d'amende ; — Fixe à trois mois la durée de la contrainte par corps ; — Les condamne tous solidairement aux amendes et aux dépens. »

M. de Villemessant ayant rendu compte de ce procès, a été traduit devant le tribunal correctionnel (6e ch., M. Lancelin, président) qui le 11 septembre 1868 a rendu le jugement suivant :

« Le tribunal, — En droit, — Attendu qu'aux termes de l'art. 17 du décret des 17-23 février 1852, il est interdit de rendre compte des procès pour délits de presse ; — Que cette disposition est claire et précise ; qu'elle doit donc prévaloir contre les inductions qu'on tenterait vainement de tirer de lois antérieures ; — Qu'elle forme sur le cas prévu le dernier état de la législation, puisqu'elle n'a été ni rapportée, ni modifiée par aucune loi postérieure ; — Attendu que la défense par elle édictée est générale et absolue; — Que si donc une diffamation se produit par la voie de la presse contre un fonctionnaire, même à raison de l'exercice de ses fonctions, et si le délit de diffamation est poursuivi, le compte rendu de ce procès est expressément prohibé, aux termes de l'art. 17 du décret précité; — En fait : — Attendu que, dans le numéro du journal le *Figaro* du 19 juillet 1868, de Villemessant, gérant responsable, a publié à Paris un article intitulé : « Courrier de « Paris, » et signé « Candide » (pseudonyme de Jules Claretie), dans lequel article l'ancien préfet du Var, Pastoureau, était attaqué à raison de l'exercice de ses fonctions; — Attendu que, suivant jugement en date du 25 août 1868, aujourd'hui définitif, le tribunal a déclaré que, par cette publication, de Villemessant s'était rendu coupable du délit de diffamation; — Que par le même jugement Claretie et l'imprimeur Dubuisson ont été reconnus complices de ce délit; — Qu'il s'agissait évidemment dans l'espèce d'un procès pour délit de presse; — Attendu que, dans le numéro du journal le *Figaro*, du 27 août 1868, de Villemessant a rendu compte du procès ci-dessus en donnant, notamment les plaidoiries de Mes Lachaud et F. Thomas et les conclusions de M. l'avocat impérial Blain des Cormiers; — Que de Villemessant a ainsi contrevenu aux dispositions de l'art. 17 du décret des 17-23 février 1852; — Pour quoi, faisant application à de Villemessant des dispositions des art. 17 et 18 dudit décret, — Condamne de Villemessant en 50 fr. d'amende, fixe à dix jours la durée de la contrainte par corps s'il est besoin d'y recourir; — Condamne de Villemessant aux dépens. »

Appel par M. de Villemessant qui fait défaut.

« La Cour, — Considérant que l'art. 17 du décret du 17 février 1852 interdit de rendre compte des procès pour délits de presse; que cette disposition est générale et absolue, qu'il n'appartient point au juge d'en restreindre la portée; — Que si l'art. 11 de la loi du 27 juillet 1849 défend de rendre compte des procès pour outrages ou injures et des procès pour diffamations, sauf dans les cas où la preuve des faits diffamatoires est admise par la loi, cette exception doit être renfermée dans des termes précis et ne peut prévaloir sur la prohibition énergiquement écrite dans l'art. 17 du décret du 17 février 1852, de rendre compte des procès pour délit de presse; — Qu'il importe donc peu que le procès dont il a été rendu compte par de Villemessant eût pour objet une diffamation envers un fonctionnaire pour des faits relatifs à ses fonctions; qu'il s'agissait d'un délit de presse et qu'aucun motif ne pouvait autoriser le compte rendu d'un procès de cette nature; — Adoptant au surplus les motifs qui ont déterminé les premiers juges, — Met l'appellation au néant; — Ordonne que le jugement dont est appel sortira son effet; — Condamne de Villemessant aux dépens. »

M. Saillard, pr.; M. Dufour, rap.

3e espèce. — De Villemessant (*le Figaro*) c. le Min. pub.

27 novembre 1868. — Chambre correctionnelle.

M. de Villemessant, poursuivi pour avoir publié le compte rendu du procès intenté devant le tribunal civil de la Seine, par M. Rochefort contre MM. de Stamir et Marchal, a, dans le *Figaro*, rendu compte de la poursuite dont il a été l'objet, et pour cette publication, il a été traduit devant le tribunal corrrectionnel de la Seine. A l'audience du 13 octobre (7e ch., M. Loriot de Rouvray, président), il a demandé qu'il fût sursis jusqu'après l'arrêt à intervenir sur l'appel des deux jugements rendus à l'occasion des comptes rendus du procès de Rochefort contre Stamir et Marchal, et du procès Pastoureau. Cette demande a été rejetée par le tribunal :

« Le tribunal, — Attendu que les poursuites dirigées contre M. de Villemessant, à l'occasion du compte rendu des audiences de la sixième chambre, à la date des 3 et 11 septembre, sont différentes de celles dont il avait été l'objet pour avoir rendu compte du débat civil qui a eu lieu devant la première chambre sur l'instance intentée par Henri Rochefort contre Stamir et Marchal, et du procès en diffamation porté devant la sixième chambre sur la plainte du sieur Pastoureau, ancien préfet du Var; — Que ces affaires sont complètement indépendantes les unes des autres; — Que l'appel interjeté à l'occasion du premier n'est donc pas un motif légal de sursis; — Attendu, d'ailleurs, qu'une remise a déjà été accordée dans l'intérêt de la défense, — Rejette la demande de sursis, et ordonne qu'il sera plaidé au fond. »

Après ce jugement M. de Villemessant demande encore un sursis jusqu'après l'arrêt à intervenir sur la recevabilité de l'appel du jugement qui vient d'être rendu :

« Le tribunal, — Attendu que le jugement du tribunal, qui repousse le sursis, ne préjuge rien sur le fond, qu'il constate seulement le droit du tribunal de statuer en toute liberté d'appréciation, quelle que soit la décision de la Cour, dans les affaires dont il a été interjeté appel; — Attendu que le jugement n'est qu'un jugement préparatoire; — Qu'il est de principe que les dispositions du code de procédure civile sont applicables en matière correctionnelle dans tous les cas non prévus par le code d'instruction criminelle; — Attendu qu'il existe nécessairement une distinction, en matière civile, entre les jugements interlocutoires et les jugements d'instruction, et que l'art. 199 du code d'instruction criminelle n'ayant pas statué sur les effets de l'appel, il y a lieu de faire l'application des art. 450 et 452 du code de procédure; — Par ces motifs, rejette les nouvelles conclusions tendantes au sursis jusqu'à ce que la Cour ait jugé la question de la recevabilité de l'appel du jugement de refus de sursis.»

Après ce second jugement, M. de Villemessant demande encore un sursis jusqu'à ce qu'il aura fait décider par la Cour si le jugement qui vient d'être rendu est préparatoire ou définitif :

«Le tribunal, — Attendu que les nouvelles conclusions prises ne sont autres que celles sur lesquelles le tribunal vient de statuer, — déclare qu'il n'y a lieu de s'y arrêter et ordonne de nouveau qu'il sera plaidé au fond. »

Enfin, sur le fond, le tribunal a rendu le 20 octobre, les deux jugements suivants :

1° Compte rendu du procès fait à de Villemessant pour avoir rendu compte du procès de Rochefort contre Stamir et Marchal :

« Le tribunal, — Attendu que Me Delessart, avoué, s'est présenté pour de Villemessant et a posé des conclusions de sursis, qui ont été développées par Me Dieudonné, avocat; — Qu'aux termes de l'art. 10 de la loi du 11 mai 1868, le prévenu qui a comparu ne peut plus faire défaut; — Jugeant contradictoirement: — Attendu qu'aux termes de l'art. 17 du décret du 17 février 1852, il est interdit de rendre compte des procès pour délits de presse; — Que cette interdiction est générale et absolue, et qu'elle s'applique à toutes les infractions commises par la voie de la presse, sans distinction; — Attendu que, dans le numéro du journal le *Figaro* du 5 septembre 1868, de Villemessant, gérant dudit journal, a publié le réquisitoire du ministère public et la plaidoirie de Me Lachaud, prononcés à l'audience de la 6e chambre, dans une affaire où de Villemessant était poursuivi pour avoir rendu compte dans le *Figaro* du procès en diffamation intenté par Rochefort contre Stamir et Marchal; — Que cette publication constitue le délit prévu et puni par les art. 17 et 18 du décret du 17 février 1852; — Faisant à de Villemessant application de ces articles, le condamne en 50 fr. d'amende; — Fixe à deux jours la durée de la contrainte par corps, s'il y a lieu de l'exercer. »

2° Compte rendu du procès fait à de Villemessant, pour avoir rendu compte du procès Pastoureau.

« Le tribunal, — Attendu que Delessart, avoué, etc., etc.; — Attendu que dans le numéro du journal le *Figaro* du 13 septembre 1868, de Villemessant, gérant dudit journal, a publié le réquisitoire du ministère public et la plaidoirie de Me Lachaud, prononcés à l'audience de la sixième chambre du tribunal, le 11 septembre 1868, dans une affaire où de Villemessant était poursuivi pour avoir rendu compte dans le *Figaro* du procès en diffamation à lui intenté par M. Pastoureau, ancien préfet du Var ; — Que cette publication constitue le délit, etc., etc., — Condamne de Villemessant à 50 fr. d'amende et aux dépens ; — Fixe à deux jours la durée de la contrainte par corps, dans le cas où il y aurait lieu de l'exercer. » — Appel par M. le procureur impérial et M. de Villemessant qui fait défaut.

1° Affaire Stamir et Marchal :

« La Cour, — Statuant sur les appels interjetés par le procureur impérial et par de Villemessant des jugements du tribunal correctionnel de la Seine des 13 et 20 octobre 1868 : — Adoptant le motifs qui ont déterminé les premiers juges; — Considérant en outre que l'expression *délits*, qui se trouve dans l'art. 17 du décret du 17 février 1852, doit s'entendre de toutes les infractions punissables de peines correctionnelles ; — Que le fait pour lequel de Villemessant était poursuivi devant le tribunal correctionnel de la Seine était prévu par l'art. 11 de la loi du 27 juillet 1849 et puni d'une amende de 200 à 3,000 fr. ; — Qu'il constituait un délit dans le sens de l'article du 17 février 1852, et que les débats ne pouvaient être publiés ; — Considérant que la peine prononcée contre de Villemessant n'est pas en juste proportion avec la gravité du délit; — Qu'il y a lieu de l'élever, — Met l'appellation et le jugement dont est appel au néant en ce que de Villemessant n'a été condamné qu'à 50 fr. d'amende ; — Emandant quant à ce, — Condamne de Villemessant à 500 francs d'amende ; — Ordonne que le surplus du jugement dont est appel sortira son plein et entier effet; — Condamne de Villemessant aux dépens ; — Fixe à trois mois la durée de la contrainte par corps pour le recouvrement de l'amende. »

2° Affaire Pastoureau :

« La Cour, — Statuant sur les appels interjetés par M. le procureur impérial et par de Villemessant, des jugements du tribunal correctionnel de la Seine des 13 et 20 octobre 1868 ; — Adoptant les motifs qui ont déterminé les premiers juges ; — Considérant, en outre, que l'expression « délit, » qui se trouve dans l'art. 17 du 17 février 1852, doit s'entendre de toutes les infractions punissables de peines correctionnelles ; que le fait pour lequel de Villemessant était poursuivi devant le tribunal correctionnel de la Seine était prévu par l'art. 11 de la loi du 27 juillet 1849 et puni d'une amende de 200 fr. à 3,000 fr.; qu'il constituait un délit dans le sens de l'art. 17 du décret du 17 février 1852 et que les débats ne pouvaient être publiés; — Considérant que la peine prononcée n'est pas en juste proportion avec la gravité du délit, et qu'il y a lieu de l'élever, — Met l'appellation et le jugement dont est appel au néant, en ce que les premiers juges n'ont condamné de Villemessant qu'à 50 fr. d'amende; — Emendant quant à ce, — Condamne de Villemessant à 500 fr. d'amende, — Ordonne que le surplus du jugement dont est appel sortira son plein et entier effet; — Condamne de Villemessant aux dépens; — Fixe à trois mois la durée de la contrainte par corps pour le recouvrement de l'amende. »

M. Saillard, pr.; M. Dufour, rap.

4e espèce. — Le *Libéral de Seine-et-Oise* c. Min. pub.

7 octobre 1868. — Chambre correctionnelle.

20 août 1868, jugement du tribunal correctionnel de Versailles :

« Le tribunal, — Vu l'art. 11 de la loi du 27 juillet 1849; — Attendu que Rochefort a fait assigner devant le tribunal civil de la Seine Marchal et Stamirowski, à l'effet d'obtenir des dommages-intérêts à raison d'outrages, d'injures et de diffamations publiés par eux contre lui, par la voie de la presse, et qu'une demande reconventionnelle, basée sur des faits de même nature, a été formée par Marchal et Stamirowski; — Attendu que, le 31 juillet 1868, devant la 1re chambre du tribunal civil de la Seine, l'affaire a été plaidée, et le ministère public a été entendu en ses conclusions; — Attendu que, le 7 août, le tribunal a rendu son jugement et a qualifié les faits dénoncés de diffamations, outrages et injures; — Attendu que le journal le *Libéral de Seine-et-Oise*, dans son numéro du 2 août suivant, contenait un article intitulé: « Tribunal civil de la Seine (1re ch.);... affaire Henri Rochefort contre « Marchal, dit de Bussy, et de Stamir; » — Attendu que cet article n'est autre chose qu'un compte rendu du procès en diffamation dont il vient d'être parlé; — Qu'il présente l'exposé succinct des faits et de la procédure, le résumé des plaidoiries, l'indication des moyens invoqués par Marchal en personne, l'analyse des conclusions du ministère public; — Attendu que Ruault, gérant du journal et signataire du numéro du 2 août, est responsable dudit article; — Attendu qu'il lui reconnaît le caractère de compte rendu, prétendant seulement que la loi du 27 juillet 1849 n'interdit pas les comptes rendus des procès en diffamation portés devant la juridiction civile; — Attendu que, suivant le prévenu, le droit de rendre compte des procès de ce genre résulterait de ce que devant cette juridiction la preuve des faits diffamatoires serait toujours permise; — Attendu que cette opinion doit être repoussée; — Attendu que la prohibition écrite dans le premier alinéa de l'art. 11 de la loi du 27 juillet 1849 est générale et d'ordre public : — Quelle a été edictée pour mettre obstacle à ce que les allégations diffamatoires recoivent par la reproduction des débats judiciaires auxquels elles ont donné lieu une nouvelle et fâcheuse publicité; — Attendu que l'art. 20 de la loi du 26 mai 1819 pose en principe que nul ne sera admis à prouver la vérité des faits diffamatoires, si ce n'est dans le cas d'imputation contre des personnes ayant agi dans un caractère public, de faits relatifs à leurs fonctions; — Attendu que cette interdiction est également générale et d'ordre public, et qu'elle a pour but d'empêcher la diffamation de s'attaquer à la vie privée, même quand les faits diffamatoires sont exactement vrais; — Attendu que les motifs de haute moralité qui ont inspiré les art. 11 de la loi du 27 juillet 1849 et 20 de la loi du 26 mai 1819 s'appliquent avec la même force, soit que le procès se suive devant le tribunal correctionnel, soit qu'il se déroule devant le tribunal civil; — Attendu, d'ailleurs que ces articles ne font aucune distinction entre les deux juridictions; — Attendu qu'on soutiendrait vainement que le législateur de 1819 a voulu laisser l'action portée devant la juridiction civile en dehors de la loi du 26 mai; — Attendu que, pour être convaincu du contraire, il suffit de se reporter aux art. 11 et 29 de ladite loi, qui statuent sur la durée de l'action civile et décident que cette action subsistera tant après la péremption qu'après la prescription de l'action publique; — Attendu en conséquence que Ruault s'est rendu coupable du délit prévu et puni par l'art. 11 de la loi du 27 juillet 1849, — Le condamne en 200 fr. d'amende, fixe à deux mois la durée de la contrainte par corps, et le condamne aux dépens. »

Appel par le *Libéral.*

« La Cour, — Statuant sur l'appel interjeté par Rúault et par le procureur impérial du jugement du tribunal correctionnel de Versailles, du 20 août 1868, et sur les conclusions prises par Ruault devant la Cour : — Considérant que l'art. 11 de la loi du 27 juillet 1849 interdit de rendre compte des procès pour outrages ou injures, ou des procès en diffamation où la preuve des faits diffamatoires n'est pas admise par la loi; — Que cette interdiction est générale et absolue; qu'elle ne reçoit de limites que dans le cas où la preuve des faits diffamatoires est admise par la loi; qu'elle s'applique par conséquent à tous les procès intentés pour outrage, injure ou diffamation, quelle que soit la juridiction appelée à statuer; qu'ainsi il est défendu de publier les débats des procès portés devant les tribunaux civils pour outrage, injure ou diffamation; — Que le législateur a été conduit à interdire la publication des débats en matière d'outrage, d'injure et de diffamation dans un intérêt de haute moralité et de paix publique; que ces considérations ont la même force, soit que le procès ait été engagé devant les tribunaux de répression, soit qu'il ait été porté devant les tribunaux civils; — Considérant que l'action intentée par Rochefort, devant le tribunal de la Seine, pour réparation d'outrages, injures ou diffamations, n'avait pas pour principe l'application des art. 1382 et 1383 du code Napoléon, mais bien l'application, puisqu'il s'agissait de délits, des dispositions des art. 2 et 3 du code d'instruction criminelle, qui règlent l'exercice de l'action civile résultant d'un délit; qu'il résulte de ces derniers articles que l'action civile pour réparation d'un délit est soumise aux mêmes règles, soit que la partie lésée la porte devant les tribunaux correctionnels, ou qu'elle préfère saisir les tribunaux civils; d'où il suit encore la preuve que l'art. 11 de la loi du 27 juillet 1849 ne peut admettre aucune distinction; — Considérant que l'objection tirée de ce que les tribunaux civils peuvent, s'ils le jugent convenable, aux termes de l'art. 17 du décret du 17 février 1852, interdire le compte rendu des procès portés devant eux, n'a aucune valeur, puisque le même droit appartient aux tribunaux correctionnels, et que cependant il est reconnu que la loi défend expressément la publication des procès pour outrage, injure ou diffamation dont ces tribunaux sont saisis; — Considérant qu'en fait, il est constant et avoué par Ruault que, dans le numéro du journal le *Libéral de Seine-et-Oise* du 2 août 1868, il a publié le compte rendu des débats du procès pour outrage, injure et diffamation porté devant le tribunal civil de la Seine par Henri Rochefort contre Marchal, dit de Bussy, et Stamir, et jugé par le tribunal, à l'audience du 31 juillet 1868; — Que ce fait constitue le délit prévu par l'art. 11 de la loi du 27 juillet 1849; — Adoptant, au surplus, les motifs qui ont déterminé les premiers juges; — Considérant que la peine est en juste proportion avec la gravité du délit et qu'il n'y a pas lieu de l'augmenter, — Met les appellations au néant; — Ordonne que le jugement dont est appel sortira son effet; — Condamne Ruault aux dépens. »

M. Saillard, pr.; M. Dufour, rap.; M. Thomas, subst.; Me Ernest Picard, avocat.

N° 1685.

PRESSE. — DIFFAMATION. — COMPTE RENDU DE DÉBATS JUDICIAIRES. — MAUVAISE FOI. — PROVOCATION. — RÉTICENCES. — ARTICLE DÉSAGRÉABLE.

Le compte rendu de débats judiciaires, qui a ses justes immunités, quand il se reproduit actuellement ou à une époque rapprochée du procès, peut constituer une diffamation lorsqu'il est exhumé dans une intention de nuire.

La diffamation est atténuée par les provocations du diffamé.

Il ne suffit pas qu'un article de journal laisse beaucoup à désirer, et qu'il soit désagréable à quelqu'un pour qu'il constitue une diffamation.

Marchal c. *le Figaro* et *l'Evénement.*

5 août 1868. — Tribunal correctionnel (1).

M. Marchal, dit de *Bussy* se plaint d'avoir été diffamé : 1° par MM. de Villemessant, gérant et Dubuisson, imprimeur du *Figaro;* 2° par M. de Coulonches, auteur et M. Voitelain, imprimeur d'une brochure intitulée *Marchal* dit de *Bussy;* 3° par M. Bauer, gérant, Courthelois, rédacteur et Serrière, imprimeur de l'*Événement.* Le tribunal correctionnel de la Seine (6e Ch., M. Delesvaux, président, M. Blain des Cormiers, substitut), a statué sur ces plaintes par trois jugements séparés, le 5 août 1868 :

1° Plainte contre le *Figaro :*

« Le tribunal, — Attendu que, dans le numéro du journal le *Figaro* du 18 juillet 1868, de Villemessant, gérant responsable, a publié, à Paris, un article intitulé : *Souvenirs judiciaires*, dans lequel il intercale partie des deux comptes rendus des assises de la Seine extraits des numéros du journal le *Droit* des 24 avril et 9 octobre 1851 ; — Que de ces deux extraits il résulterait que Marchal de Bussy « est « venu, le 23 avril 1851, s'asseoir sur le banc des assises sous le poids « d'une accusation dont le caractère ne comportait même pas la publi« cité des débats; qu'en 1846 il fut condamné aux assises à raison « d'un livre intitulé : la *Famille d'Orléans*; que, plus tard, une « condamnation en police correctionnelle le frappait pour une escro« querie commise au préjudice de la liste civile; qu'enfin un pareil

(1) Il n'y a pas eu d'appel.

« passé ne donne pas le droit au sieur Marchal de s'adresser avec tant « d'impudence à l'opinion publique ; » — Attendu que ces imputations et allégations portent atteinte à l'honneur et à la considération du plaignant ; — Qu'il importe peu qu'elles aient été lancées au moyen de la reproduction de débats judiciaires; que cette forme, ainsi adaptée, ne fait pas disparaître cet élément du délit de diffamation; — Qu'en effet, si le compte rendu des débats judiciaires a ses justes immunités, c'est à la condition qu'il se reproduira actuellement, ou au moins à une époque rapprochée du procès; — Que s'il en est autrement, que si, comme dans l'espèce, il y a une sorte d'exhumation de comptes rendus judiciaires, il s'agit alors de rechercher quelle a été l'intention du publicateur; — Attendu que de l'instruction et des débats il résulte que Marchal, publiciste-chroniqueur, a engagé une lutte avec le journal le *Figaro*, et ce, à l'aide de brochures diffamatoires; que le *Figaro*, en révélant les antécédents judiciaires de Marchal au public, s'est défendu, mais qu'il est manifeste qu'il a eu l'intention de nuire à la personne du plaignant; — Qu'en agissant ainsi de Villemessant s'est donc rendu coupable du délit de diffamation prévu et puni par l'art. 18 de la loi du 17 mai 1819; — Attendu que ledit Marchal demande, à titre de réparation civile, la somme de 1 franc, absolument comme dans une affaire précédente Wolf avait demandé contre lui, au même titre de dommages-intérêts une somme de 1 fr.; que cette réparation doit lui être accordée; — Attendu que Dubuisson s'est rendu complice du délit en assistant avec connaissance de Villemessant dans les faits qui l'ont préparé, facilité et consommé, et ce, en imprimant le numéro du journal le *Figaro* qui contient l'article incriminé, complicité prévue et punie par les art. 59-60 du code pénal et l'article précité de la loi de 1819; — En faisant application et visant l'article 463 du code pénal, — Les condamne chacun en 1 fr. d'amende, 1 franc de dommages-intérêts, — Et attendu qu'aux termes de la loi, tout jugement correctionnel portant condamnation à l'amende ou aux dommages-intérêts doit fixer la durée de la contrainte par corps, dans les limites qu'elle pose, fixe à deux jours la durée de ladite contrainte, dit qu'il n'y a lieu d'ordonner ni affiches ni insertion; — Condamne les prévenus aux dépens. »

2° Plainte contre les auteurs de la brochure :

« Le tribunal, — Attendu que de Coulonches, au cours de l'année 1868, a publié, à Paris, une brochure intitulée : *Charles Marchal dit de Bussy;* — Que, dans cette brochure, l'auteur insinue que l'état civil du *saint* (c'est-à-dire de Marchal) n'est pas d'une régularité parfaite, que des biographes assurent qu'il est fils naturel; — Qu'il ajoute que ledit Marchal se mêla aux sociétés secrètes du dernier règne, auxquelles il inspira les plus vifs soupçons; qu'en 1845 il fut condamné en cinq années d'emprisonnement et 10,000 fr. d'amende, pour un pamphlet contre la famille d'Orléans; que, plus tard, il était frappé d'une condamnation en police correctionnelle, pour escroquerie; qu'en 1848 il figura dans le club de l'impasse de la Grosse-Tête, qu'il présidait en compagnie de Lucien Delahode; qu'en sa qualité de gérant de l'*Ami du peuple*, il fut poursuivi pour excitation à la haine ou au mépris des citoyens les uns contre les autres et provocation à l'assassinat; — Qu'enfin, ledit auteur reproduit les extraits du journal le *Droit* des 13 avril et 8 octobre 1851, lesquels ont été déjà caractérisés dans le précédent jugement (Marchal contre le *Figaro*); — Attendu que ces imputations et allégations portent atteinte à l'honneur et à la considération du plaignant; — Qu'il est manifeste qu'à raison même de la nature des faits énoncés et développés elles ont été lancées avec l'intention de nuire à sa personne; qu'en agissant ainsi, de Coulonches s'est donc rendu coupable, à l'égard de Marchal, du délit de diffamation prévu et puni par l'art. 18 de la loi du 17 mai 1819; — Attendu, néanmoins que les récentes publications dudit Marchal, les violences qu'elles contiennent et la forme insolite qu'elles affectent, sont autant de provocations graves contre « tous les publicites-chroniqueurs de 1868, » qui viennent atténuer le délit de diffamation qui le frappe, — Attendu que, modifiant les conclusions prises dans la précédente affaire, il demande, non plus 1 fr., mais bien 5,000 fr. à titre de dommages-intérêts; — Que sur ce point le tribunal manque d'une base sérieuse pour déterminer le juste chiffre du dommage causé; — Attendu que Voitelain a imprimé la brochure incriminée; que son caractère diffamatoire n'a pu lui échapper; qu'il s'est donc rendu complice du délit en aidant et assistant avec connaissance l'auteur dans les faits qui l'ont préparé, facilité et consommé, complicité prévue et punie par les art. 59-60 du code pénal et l'article précité de la loi de 1819; — En faisant application, — Condamne de Coulonches et Voitelain, chacun en 1 franc d'amende; fixe à deux jours, contre chacun d'eux, la durée de la contrainte par corps; — Les condamne à payer à Marchal des dommages-intérêts à fournir par état, et les condamne aux dépens; — Dit qu'il n'y a lieu à insertion ou affiche du du présent jugement, non plus qu'à saisies. »

3° Plainte contre l'*Événement :*

« Le tribunal, — Attendu que, dans le numéro du journal l'*Événement* du 2 juillet 1868, Edouard Bauer, gérant, a publié, à Paris un article intitulé : *Echos du Palais*, signé : A. Courthelon ; — Attendu que dans cet article l'auteur dit en parlant du procès Wolf contre Marchal, dit de Bussy : « Cet infortuné Marchal, dit de Bussy, n'a pas

« trouvé d'avocat qui consentît à se charger de son affaire... Entre « nous, il faut convenir que c'est bien humiliant de ne pas se procurer « un avocat, dans une ville où il y en a quinze cents ; mais que voulez- « vous, les avocats sont libres de choisir leurs clients ; ils ne veulent « pas de M. de Bussy ; le fait est trop à l'honneur du barreau pour que « nous ne le signalions pas ; » — Attendu que ledit article ne contient « ni imputations, ni allégations de faits suffisamment caractérisées pour servir de base juridique à un délit de diffamation ; qu'il laisse beaucoup deviner, qu'il peut être désagréable à Marchal, mais que si on prend pour type de comparaison ce qu'il a publié récemment contre les publicistes-chroniqueurs de 1868, on ne peut y trouver rien d'excessif, et moins encore un délit ; — Que, le délit principal disparaissant, il n'y a plus de complices, — Renvoie Bauer, Courthelon et Serrière des fins de leur plainte ; — Condamne Marchal aux dépens. »

N° 1686.

PRESSE. — DÉPÔT ADMINISTRATIF. — SANCTION.

L'inobservation du dépôt administratif, prescrit par la loi du 11 mai 1868 (art. 11), *est, comme celle du depôt judiciaire, punie de la peine édictée par la loi du 18 juillet* 1828 (art. 8).

Min. pub. c. l'*Electeur*.

24 juillet 1868. — Chambre correctionnelle. = 12 décembre 1868. — Rejet.

M. André Pasquet, gérant du journal l'*Electeur*, est prévenu de n'avoir pas opéré, pour le numéro du 25 juin 1868, le dépôt administratif prescrit par la loi du 11 mai 1868 (art. 7).

14 juillet 1868, jugement du tribunal correctionnel de la Seine (6e ch. — M. Delesvaux, président) :

« Le tribunal, — Attendu qu'aux termes de l'art. 17 de la loi du 11 mai 1868, au moment de la publication de chaque feuille ou écrit périodique, il doit être remis à la préfecture pour les chefs-lieux de département, à la sous-préfecture pour ceux d'arrondissement, et pour les autres villes à la mairie, deux exemplaires signés du gérant responsable, ou de l'un d'eux s'il y a plusieurs gérants responsables : — Attendu que l'exécution de cette obligation nouvelle imposée aux gérants de journaux n'est garantie par aucune sanction ; — Que la peine edictée pour contravention relative au dépôt judiciaire réglé par la loi de 1828, ou au dépôt professionnel réglé par la loi de 1814, ne saurait être appliquée par voie d'interprétation ou d'analogie au dépôt administratif réglé par la loi du 11 mai 1868; — Que ce principe de droit criminel n'a pu être touché par les dispositions de l'avant-dernier paragraphe de l'art. 7 de la loi du 11 mai 1868, dont l'objet principal a été d'affirmer le maintien du dépôt judiciaire à côté du nouveau dépôt administratif; — Attendu dès lors que André Pasquet, en agissant ainsi qu'il l'a fait pour le dépôt du premier numéro du journal l'*Electeur* dont il est le gérant, n'a commis aucune contravention punissable, — Le renvoie des fins de la poursuite sans dépens. »

Appel par M. le procureur impérial.

« La Cour, — Statuant : 1° sur l'appel interjeté par le procureur impérial, 2° sur les conclusions déposées par Paquet : — Considérant qu'il est établi en fait et reconnu par Pasquet lui-même que le numéro du journal l'*Electeur* du 25 juin 1868 a été publié et mis en vente sans que la formalité du dépôt administratif ait été remplie régulièrement et suivant les prescriptions de l'art. 7 de la loi du 11 mai 1868; — Considérant que la loi du 11 mai, en prescrivant à la fois le dépôt administratif et le dépôt judiciaire, a entendu garantir une double et sérieuse surveillance; — Considérant que, dans le régime de la simple déclaration introduit par la loi de 1868, ce double dépôt devenait, en effet, plus nécessaire que sous le régime de l'autorisation préalable; qu'une vérification et une surveillance, qui ne peuvent intervenir qu'après la production de la pensée de l'écrivain, doivent être plus complètes et plus efficaces; — Considérant que si les sanctions pénales ne peuvent être suppléées, s'il n'est pas permis au juge d'appliquer une peine par voie d'analogie, en la transportant d'une matière dans une autre, il ne saurait y avoir lieu dans la cause de violer ces principes élémentaires et essentiels; — Considérant qu'il s'agit, en effet, de rechercher si la loi de 1868 a conservé, en les complétant, les règles du dépôt édictées par les lois précédentes et déjà sanctionnées par une pénalité spéciale; — Considérant, à ce point de vue, que le rapporteur de la loi, dans l'exposé des motifs devant le conseil d'Etat, a caractérisé et expliqué l'art. 7 en disant : « Il impose le dépôt administratif dans les mêmes termes que le dépôt judiciaire, afin de répondre aux esprits qui s'étaient demandé si la loi qui prescrivait le second dépôt n'aurait pas abrogé celle qui imposait le premier; — Considérant que cette interprétation n'a été modifiée ni par les débats devant le conseil d'Etat, ni par la discussion devant les Chambres; qu'elle est confirmée par le texte même de l'art. 7 de la loi du 11 mai 1868; qu'en rappelant dans le second paragraphe la nécessité du dépôt judiciaire en l'assimilant au dépôt administratif par ces mots caractéristiques « pareil dépôt, » en le soumettant aux mêmes règles, on a clairement indiqué que l'art. 8 de la loi du 18 juillet 1828 était maintenu et qu'il contenait la sanction pénale du double dépôt imposé par la nouvelle loi; — Considérant qu'en présence de cette assimilation si complétement faite par l'art. 7 de la loi du 11 mai 1868 du dépôt judiciaire et du dépôt administratif, on ne saurait arguer de l'absence de sanction pour le second, sans être contraint logiquement de soutenir le même système pour le premier, ce qui est inadmissible en présence des termes de la loi de 1828; — Considérant qu'il existe dans la cause des circonstances atténuantes; — Par ces motifs, — Met l'appellation et le jugement dont est appel à néant; — Faisant application à Pasquet, gérant du journal l'*Electeur*, des art. 8 de la loi du 18 juillet 1828, 7 et 15 de la loi du 11 mai 1868; — Condamne Pasquet à 50 fr. d'amende et aux frais; — Fixe à vingt jours la durée de la contrainte par corps, s'il y a lieu de l'exercer pour le recouvrement de l'amende. »

M. Falconnet, f. f. de pr.; M. Dufour, rap.; M. Merveilleux-Duvignaux, av. gén.; Me Laferrière, avocat.

Pourvoi par M. André Pasquet.

« La Cour, — Sur le moyen unique tiré de la violation de l'art. 4 du code pénal et de la fausse application de l'art. 8 de la loi du 18 juillet 1828 et des art. 7 et 16 de la loi du 11 mai 1868: — Attendu que l'art. 8 de la loi du 18 juillet 1828, qui a établi l'obligation du dépôt des journaux, prononce la peine de 500 fr. d'amende en cas d'omission; — Qu'il n'y avait alors qu'un exemplaire déposé au parquet de première instance; — Attendu que l'art. 7 de la loi du 11 mai 1868, a modifié ainsi cette disposition : « Au moment de la publication de chaque feuille ou livraison du journal ou écrit périodique, il sera remis à la préfecture pour les chefs-lieux de département, à la sous-préfecture pour ceux d'arrondissement, et pour les autres villes à la mairie, deux exemplaires signés du gérant responsable ou de l'un d'eux, s'il y a plusieurs gérants responsables; pareil dépôt sera fait au parquet du procureur impérial ou à la mairie, dans les villes où il n'y a pas de tribunal de première instance ; » — Attendu que l'art. 16 de la même loi n'abroge les lois antérieures qu'en ce qu'elles ont de contraire à ses dispositions ; — Qu'il laisse subsister la peine pour dépôt irrégulier ; que les éléments de l'élaboration de la loi et de sa discussion indiquent, d'ailleurs, que telle a été l'intention du législateur; — Qu'il suit de là que la Cour impériale en le jugeant ainsi, et en appliquant au gérant du journal l'*Electeur*, qui avait négligé d'effectuer le dépôt administratif, la peine portée par l'art. 8 de la loi du 8 juillet 1828, n'a violé ni cet article ni aucunes autres dispositions législatives; qu'ainsi la peine a été légalement appliquée; — Rejette. »

M. Legagneur, pr.; M. Saint-Luc Courborieu, rap.; M. Bédarrides, av. gén.; Me Tenaille-Saligny, avocat.

N° 1687.

PRESSE. — JOURNAL PUBLIÉ EN PAYS ÉTRANGER. — INTRODUCTION. — DISTRIBUTION EN FRANCE. — AUTORISATION. — CORTRAVENTION. — BONNE FOI.

Est générale et absolue la défense d'introduire et distribuer en France sans autorisation préalable les journaux politiques ou d'économie sociale publiés à l'étranger.

Elle s'applique aux journaux publiés à l'étranger en langue française par des Français, comme à ceux qui y sont publiés en langue étrangère par des étrangers.

Elle constitue une contravention que ne peut excuser la bonne foi.

Spécialement, *le prévenu ne peut sérieusement alléguer qu'en l'absence de poursuites dirigées contre le publicateur du journal il croyait n'avoir pas à demander d'autorisation.*

Min. pub. c. Savre, Advenant et autres.

10 décembre 1868. — Chambre correctionnelle.

MM. Savre, Advenant, Rochat, Lecat et Barbieux sont prévenus d'avoir introduit et distribué en France le journal la *Lanterne*.

14 octobre 1868, jugement du tribunal correctionnel de la Seine (7e ch., M. Loriot de Rouvray, président, M. Aulois, substitut) :

Le tribunal, — Donne défaut contre Advenant, — Et statuant au fond : — Attendu qu'il n'est pas établi que Barbieux ait introduit et distribué aucun des numéros du journal la *Lanterne* ; — Qu'il n'est pas établi que Rochat en ait distribué aucun exemplaire, — Renvoie Barbieux des fins de la plainte dirigée contre lui et Rochat du chef de la contravention relevée à son égard en ce qui touche l'introduction; — Et statuant sur les autres chefs de prévention : — Attendu que le journal la *Lanterne* s'imprime actuellement à Bruxelles; que les publicateurs de ce journal ne satisfont à aucune des conditions imposées à ceux qui publient des journaux en France; — Qu'en fait et en droit ce journal doit être considéré comme publié à l'étranger; — Attendu qu'il résulte de l'instruction et des débats qu'il existait une association entre Savre, Advenant, Lecat et Rochat pour arriver à l'introduction en France du journal la *Lanterne*; qu'ils s'étaient entendus pour envoyer Lecat en chercher des exemplaires en Belgique; — Que celui-ci est allé, dans le milieu du mois de septembre, à Bruxelles et qu'il a rapporté en France une quantité considérable d'exemplaires des divers numéros dudit journal; — Que le fait de l'introduction en France, par Lecat, ne peut donc être contesté; — Qu'il existe également à l'égard des autres prévenus, puisque c'est avec leur argent et pour leur compte que l'introduction a eu lieu; — Attendu qu'il a été reconnu à l'audience et dans l'instruction, par Sadre, qu'il avait vendu cinquante numéros dudit journal à Linard et à Paul Emile, et reconnu par Advenant, dans l'instruction, qu'il en avait vendu la veille de son arrestation dix exemplaires à Gervais; — Qu'il suit de ce qui précède que Sadre, Advenant, Lecat et Rochat sont coupables d'avoir introduit en France le journal la *Lanterne*, traitant de matière politique et d'économie sociale, publié à l'étranger, dont la circulation en France n'avait pas été autorisée; que Sadre et Advenant sont, en outre, coupables d'avoir distribué en France un certain nombre d'exemplaires dudit journal, contravention prévue et punie par l'art. 2 du décret du 17 février 1852, — Condamne, Sadre, Advenant, Lecat et Rochat chacun à un mois de prison et 100 fr. d'amende; — Les condamne solidairement aux dépens; — Fixe la durée de la contrainte par corps à trente jours s'il y a lieu de l'exercer. »

Appel par MM. Savre, Barbieux, Rochat et Lecat; — Appel du Ministère public.

« La Cour, — Vidant le délibéré prononcé à l'audience du 3 de ce mois, et statuant à l'égard de toutes les parties, tant sur l'appel du procureur impérial que sur celui des prévenus condamnés en première instance : — Considérant qu'Advenant, quoique cité régulièrement, ne comparaît pas; — Considérant que les appels dont la Cour est saisie sont réguliers en la forme; — Au fond : — En ce qui touche la qualification des faits incriminés et la culpabilité des cinq prévenus : — Considérant que, de l'instruction et des débats il résulte que dans le courant de l'été dernier, il s'est établi, à Paris, entre tous les prévenus, une association ayant pour but l'introduction et la distribution en France du journal politique la *Lanterne*, alors publié à l'étranger et dont la circulation en France n'était pas autorisée par le gouvernement; — Considérant qu'aucun doute n'est possible, ni sur l'existence de cette association, ni sur la participation active de chacun des prévenus; — Considérant, en effet, que le 24 et le 25 septembre dernier, les prévenus Savre et Advenant ont été surpris, à Paris, en flagrant délit de distribution de la *Lanterne*, et ont fait immédiatement, l'un et l'autre, quoique arrêtés dans des lieux et à des moments différents, l'aveu spontané qu'ils appartenaient à une association dont ils ont révélé avec précision l'organisation, les moyens et les actes; — Considérant qu'il résulte de leurs déclarations que depuis environ trois semaines ils s'étaient concertés avec Barbieu, Lecat et Rochat pour réaliser l'introduction et la vente en France de la *Lanterne;* qu'ils avaient formé une caisse commune dans laquelle ils avaient versé, ainsi que Barbieu, des sommes considérables, mais que Barbieu était le bailleur de fonds le plus important; que Lecat et Rochat n'avaient, il est vrai, fait aucun apport en argent, mais que Lecat s'était chargé de faire, aux frais de la société, les voyages en Belgique pour l'introduction du journal, et que Rochat devait recevoir et recevait en effet, en dépôt chez lui, les exemplaires du journal frauduleusement introduits; — Considérant que cette distribution des rôles entre les associés s'est trouvée complétement d'accord avec les constatations ultérieures de l'information; que c'est ainsi que Lecat a été forcé, après de longues dénégations, de reconnaître qu'il avait, fait du 17 au 23 septembre, un voyage en Belgique et s'y était approvisionné d'un nombre très-considérable de divers numéros du journal publié à Bruxelles, et dont la circulation en France n'était pas autorisée; que c'est ainsi également que Rochat a été trouvé le 24 septembre, à Paris, nanti des exemplaires du journal apportés la veille, par Lecat, de la Belgique, et qu'il s'était efforcé de soustraire aux recherches de la police en allant les cacher à la gare d'Orléans, au bureau des consignations du départ; — Considérant que si plus tard, devant M. le juge d'instruction comme devant le tribunal, Savre et Advenant ont essayé de revenir sur leurs premières déclarations, surtout en ce qui concerne Barbieu, il ne faut voir dans ces tentatives de rétractation qu'une nouvelle preuve de l'influence exercée par Barbieu sur leur esprit; — Considérant, en effet, que la culpabilité de Barbieu est établie par toutes les circonstances de la cause; qu'il est l'ancien patron de Savre et en a fait son ami; qu'il réunissait fréquemment chez lui tous les prévenus, dont quelques-uns sont ses anciens camarades et ses compatriotes; que ses antécédents lui avaient donné une certaine expérience des complots politiques, et qu'il ne faut pas s'étonner qu'il ait mis plus de réserve que les autres prévenus dans l'accomplissement des faits qui pouvaient l'exposer aux périls de l'association; mais que sa participation aux faits incriminés, nettement affirmée par les aveux si désintéressés, lorsqu'ils se sont produits, de Savre et d'Advenant, achève de se caractériser par les autres preuves relevées contre lui; que l'information constate, en effet, qu'on a trouvé chez Barbieu une feuille de carton absolument semblable à celles qui contenaient les paquets du journal distribué dans Paris et saisis par la police, et qu'elle constate, en outre, que le 25 septembre Advenant, qui dans ses aveux avait déclaré s'approvisonner habituellement, pour la distribution, tantôt chez Barbieu, tantôt chez Rochat, venait, au moment même de son arrestation, de prendre chez Barbieu les exemplaires du journal dont il était porteur; qu'il faut donc reconnaître que Barbieu est au moins aussi coupable que ses coprévenus et qu'il a été mal à propos renvoyé des poursuites par les premiers juges; — Considérant que le tribunal s'est également trompé en renvoyant Rochat du chef relatif à la distribution du journal et en se bornant à le retenir, ainsi que Lecat, pour le chef d'introduction; — Considérant, en effet, que les cinq prévenus, réunis par leur volonté dans la même association, poursuivant un double but et le réalisant par leurs efforts communs, ont concouru comme coauteurs, par une coopération immédiate et directe, à la perpétration de la double infraction qu'ils ont commise et doivent par conséquent en être déclarés conjointement responsables; — Considérant que, pour échapper à cette responsabilité, Savre, dans ses conclusions devant la Cour, soutient qu'une autorisation n'était pas nécessaire pour l'introduction et la distribution du journal; que la *Lanterne*, quoique imprimée et publiée à l'étranger, n'a pas cessé d'être un journal français, et que, dès lors, les prescriptions du décret du 17 février 1852 ne lui sont pas applicables; — Considérant que ce moyen de défense tient à la qualification des faits incriminés, par conséquent à leur existence légale, et qu'il convient, dès lors, d'en examiner la valeur juridique; — Considérant que l'art. 2 du décret du 17 février 1852 prohibe expressément par son texte la circulation en France, sans autorisation préalable, de tous les journaux politiques ou d'économie sociale publiés à l'étranger; que cette défense est générale et absolue, et s'applique aussi bien aux journaux publiés à l'étranger en langue française et par des Français qu'à ceux qui y sont publiés dans une langue étrangère et par des étrangers; que le fait seul de la publication à l'étranger d'un journal politique, quelle que soit la nationalité du rédacteur et du publicateur, oblige tous ceux qui voudront l'introduire ou le distribuer en France à se munir d'une autorisation préalable; — Considérant qu'il n'est pas difficile de comprendre le motif de cette autorisation; que son but évident est de donner au gouvernement français les moyens de prévenir, en l'arrêtant à la frontière, la circulation d'une publication politique dangereuse pour l'ordre public, les bonnes mœurs ou les lois; que c'est là d'ailleurs la seule manière d'exercer un contrôle efficace et sérieux sur la presse française, qui chercherait à se soustraire à la loi de son pays en empruntant à l'étranger ses moyens de publication; que ces simples observations suffisent pour faire repousser le moyen de défense invoqué, et qu'il n'y a pas lieu de s'y arrêter plus longtemps; — Considérant, il est vrai, que le prévenu Savre ajoute qu'en absence de poursuites dirigées contre le publicateur du journal, les tiers ont pu croire qu'ils n'avaient pas à demander d'autorisation préalable à la circulation en France; — Mais considérant que ce moyen n'a rien de sérieux; qu'en effet il s'agit ici d'une contravention que ne saurait excuser la bonne foi des prévenus, lors même qu'elle existerait; et que les infractions qu'ils ont commises n'en seraient pas moins passibles des peines édictées par le décret de 1852, quand même la publication à l'étranger serait inoffensive et régulière; mais que, d'ailleurs, la mauvaise foi des cinq prévenus résulte de tous les faits du procès; qu'il faut donc conclure de ce qui précède que les cinq prévenus, ayant conjointement introduit et distribué en France le journal politique la *Lanterne*, publié à l'étranger et dont la circulation n'était pas autorisée, ont commis la double contravention prévue et punie par l'art. 2 du décret précité; — En ce qui touche l'application de la peine : — Considérant que celle appliquée par les premiers juges à ceux des prévenus qu'ils ont reconnus coupables n'est en rapport ni avec la gravité des faits, ni avec la culpabilité des auteurs des infractions ; — Considérant que les faits qualifiés ainsi qu'il vient d'être dit constituent à l'égard des cinq prévenus les délits prévus et punis par l'art. 2 du décret du 17 février 1852 ; — Par ces motifs, — Donne défaut contre Advenant, reçoit les appels portés devant elle, et sans qu'il soit besoin de s'expliquer autrement qu'il ne l'a été dans les motifs qui précèdent sur les appels des prévenus condamnés en première instance, dit qu'il n'y a pas lieu de s'en occuper ; — Faisant au contraire droit à l'appel de M. le procureur impérial, met à néant les jugements des 14 et 30 octobre dernier, rendus par le tribunal correctionnel de la Seine, en ce que le tribunal a mal à propos renvoyé Barbieu des poursuites dirigées contre lui, en ce qu'il n'a reconnu la culpabilité de Lecat et de Rochat que pour le fait d'introduction du journal et enfin en ce qu'il n'a pas fait aux prévenus reconnus coupables une application de la peine en rapport avec la gravité des infractions ; — Procédant à nouveau, — Déclare Barbieu, Lecat, Rochat, Savre et Advenant coupables d'avoir, à Paris, dans le courant de l'été dernier et notamment du mois de septembre, conjointement introduit et distribué en France, sans autorisation du gouvernement, le journal politique la *Lanterne*, publié à l'étranger, — Et pour réparation, par application du décret précité, — Les condamne chacun à trois mois d'emprisonnement et solidairement à 500 francs d'amende et tous cinq aux dépens ; — Fixe à trois mois la durée de la contrainte par corps, s'il y a lieu de l'exercer. »

M. Saillard, pr.; M. Burin-Desroziers, rap.; M. Aubépin, av. gén.; MM^es Hublard et Derode, avocats.

N° 1688.

LOI DE SURETÉ GÉNÉRALE DU 27 FÉVRIER 1858. — MANOEUVRES. — INTELLIGENCES. — TROUBLE DE LA PAIX PUBLIQUE. — EXCITATION A LA HAINE ET AU MÉPRIS DU GOUVERNEMENT.

Il appartient au juge de déterminer, d'après le sens qui lui est généralement attribué dans la législation pénale, le sens du mot manœuvres *employé par la loi du 27 février 1858.*

Spécialement, *doivent être considérés comme des* manœuvres, *les faits qui présentent un ensemble d'actes, un accord de volontés et d'intentions,* et *aussi les actes que, bien que reprochés à un seul et même individu, sont geminés, persévérants et s'enchaînent les uns aux autres.*

Ces manœuvres *ne sont délictueuses que si elles sont pratiquées avec intention coupable et si elles ont eu l'un des buts spécifiés par la loi de* 1858.

L'amnistie empêche que celui qui en a été l'objet soit puni comme récidiviste dans une poursuite postérieure.

L'article 463 *du code pénal sur les circonstances atténuantes n'est applicable aux peines édictées par des lois spéciales, qu'autant qu'elles renferment à ce sujet une disposition expresse.*

Spécialement, *la loi du* 27 *février* 1858 *ne permet pas l'application de cet art.* 463 (1re et 2e espèces).

Il n'y a pas violation de la maxime non bis in idem *dans les poursuites dirigées contre un individu déjà condamné pour des faits de même nature, mais postérieurs à la première ordonnance de renvoi* (2e espèce). (1).

1re espèce.— Delescluze (*le Réveil*) et Duret (*la Tribune* c. Min. pub.
16 décembre 1868. — Chambre correctionnelle.

14 novembre 1868. Jugement du tribunal correctionnel de la Seine (sixième chambre).

« Le tribunal : — « Attendu que depuis la mort de Baudin, tué le 3 décembre 1851, sur une barricade du faubourg Saint-Antoine, dix-sept années se sont écoulées, et que cet événement paraissait être tombé dans l'oubli; — Que le 29 octobre 1868, *le Réveil*, journal dont Delescluze est le gérant, a publié un article signé : *Charles-Quentin, secrétaire de la rédaction*, qui annonce : « Qu'un journal avait été évidemment mal informé en écrivant que, le 2 novembre,

(1) La souscription Baudin et les faits qui l'ont accompagné ont donné lieu à plusieurs poursuites contre des journaux de province, et notamment contre *l'Indépendant du Centre* (tribunal correctionnel de Clermont, 21 novembre, Riom, 2 décembre 1868, et rejet, 29 janvier 1869, *Droit* des 25 novembre, 10 décembre 1868 et 30 janvier 1869); *Le Peuple* (tribunal correctionnel de Marseille, 3 décembre 1868, *Gazette* des 4 et 20 décembre 1868); *L'Ouest* (tribunal correctionnel d'Angers, 5 décembre 1868, *Gazette* du 10 décembre 1868); *Le Progrès du Nord* (tribunal correctionnel de Lille, 27 novembre, et Douai, 16 décembre 1868, *Gazette* des 29 novembre et 22 décembre 1868); *Le Phare de la Loire* (tribunal correctionnel de Nantes, 10 décembre 1868, et Rennes, 20 janvier 1869, *Gazette* du 22 décembre 1868 et *Droit* du 24 janvier 1869); *L'impartial de la Nièvre* (tribunal correctionnel de Nevers, 28 novembre 1868, *Droit* du 1er décembre 1868); Toulouse, 19 décembre 1868, *Droit* du 6 décembre 1868 et *Gazette* du 26 janvier 1869.

jour des Morts, les cimetières de Paris seraient fermés; qu'on ne pouvait empêcher un peuple de s'honorer lui-même en honorant la mémoire de ceux qui lui ont légué de grands exemples, de ceux qui, comme Godefroy Cavaignac, ont usé leur vie aux luttes de la liberté, de ceux qui, comme Baudin, sont tombés martyrs en défendant la loi. » — Attendu que, le 2 novembre, au cimetière Montmartre, une manifestation a eu lieu d'abord autour de la tombe de Godefroy Cavaignac, et ensuite d'une manière beaucoup plus sensible sur celle de Baudin ; — Que Gaillard et Cortes, dit Gaillard fils, arrivés des premiers près du monument de Godefroy Cavaignac, y ont attendu la venue d'autres personnes qui se sont présentées à cet endroit; — Que l'assistance étant devenue plus nombreuse, et la demande à l'effet de savoir où était la tombe Baudin ayant été posée à Gaillard père, ce dernier s'est rendu près du conservateur du cimetière et a reçu le bulletin indicatif du numéro de cette tombe; — Que Gaillard père, accompagné de son fils et d'un employé à la conservation des tombes, l'ayant cherchée et trouvée, tous deux, le père et le fils, ont signalé son emplacement à plusieurs personnes faisant partie des groupes qu'ils rencontraient, en allant et venant, de la porte du cimetière à la tombe de Baudin; — Que la question de savoir si l'on ferait une provocation à l'autorité a été écartée; — Que tout au moins cette opinion a été exprimée par l'un des assistants ; — Que Gaillard père et son fils ont annoncé que l'on se réunirait à la tombe de Baudin à une heure déterminée, et qu'enfin le bulletin indicatif de la situation de la tombe a été remis par Gaillard père à un jeune homme en blouse blanche, pour qu'il donnât aux nouveaux arrivants les renseignements sur le lieu de la réunion projetée; — Attendu que, vers quatre heures, après la lecture d'une pièce de vers près du monument de Godefroy Cavaignac, les cris : « A Baudin! » s'étant fait entendre, deux à trois cents personnes se sont portées vers le lieu de la tombe; — Que là, au milieu de la foule rassemblée, Charles Quentin a prononcé quelques paroles qui n'ont pu être précisées, suivies des cris de : « Vive la liberté! vive la République! » — Qu'un second orateur, un jeune homme à l'air convaincu et hardi, suivant le récit du *Journal de Paris* du 4 novembre, lequel est demeuré inconnu, a prononcé un discours qui a été reproduit dans le *Journal de Genève* du 4 novembre, dans lequel il aurait dit : « Que Baudin avait été assassiné par un pouvoir encore debout; que si la vengeance à laquelle il a droit n'est pas encore satisfaite, il la promet éclatante et jure qu'elle sera prochaine; » et a terminé par une menace et une provocation adressées aux agents de police; — Que Cortes dit Gaillard fils a lu ensuite une pièce de vers commençant par ceux-ci : « Vingt ans, vingt ans d'*oubli*, de douleur, de *silence*, ont passé sur la pierre où ton nom seul est mis.... » et renfermant dans le cours de la pièce les vers suivants : « Mais le règne insolent d'un pouvoir tyrannique jusqu'à la fin des temps, non, ne saurait durer! » Et enfin a ajourné la foule au 3 décembre, à quoi on répondit : *Nous y serons!* — Que Peyrouton, ayant pris à son tour la parole, s'est écrié : « A la mémoire de Baudin, mort pour la défense des lois et de la liberté. Pendant dix-sept ans, on nous avait caché cette tombe, nous la retrouvons donc enfin. Que sa vie nous serve d'exemple et de stimulant au moment du combat. » — Que ces paroles ont été suivies des cris : « Ça ne sera pas long! ce sera en 1868 ou 1869, et vive la République! » — Que ces scènes ont enfin fini, lorsque, la nuit arrivant, la retraite a été battue dans le cimetière; — Attendu que le lendemain, 3 novembre, Charles Delescluze, dont le journal ne paraît qu'hebdomadairement, a écrit une lettre au gérant de *l'Avenir national*, lui disant entre autres choses : « Qu'il importait de ne pas laisser tomber une initiative née sur la tombe de Baudin et acceptée simultanément par *l'Avenir* et *le Réveil*, et qu'il pouvait, dès à présent, en leur nom, commencer l'ouverture d'une souscription pour élever un monument au glorieux martyr du 3 décembre 1851. » — Que cette lettre a paru le 4 novembre dans *l'Avenir national*, précédée de quelques lignes expliquant : — « Que la démocratie doit un monument à ce représentant héroïque; que les journaux *le Réveil* et *l'Avenir national* avaient eu simultanément la pensée d'adresser un appel à leurs amis, et qu'une souscription était ouverte dans leurs bureaux; que la première liste paraîtrait dans les deux journaux; » — Attendu que le 5 novembre les deux journaux dont il s'agit ont publié chacun une première liste de souscription; — Ainsi *l'Avenir national*, après un article intitulé : *Alphonse Baudin*, qui est un extrait de l'ouvrage de Tenot, et le *Réveil*, après un article intitulé : *Le 2 novembre*, qui est un récit de ce qui s'est passé au cimetière Montmartre et dans lequel on lit : « Notre ami et collaborateur Charles Quentin fut prié, comme représentant du *Réveil*, de porter la parole.... » ; et plus loin; « Baudin a trouvé la mort en accomplissant un devoir; » Que l'annonce dans le *Réveil* pour élever un monument à Baudin, mort à la barricade Saint-Antoine le 2 décembre 1851 est suivie d'un entrefilet signé Charles Quentin qui « engage ses confrères des départements à s'associer à la souscription qui vient de s'ouvrir à Paris; » — Attendu que la *Revue politique*, dans le numéro du 7 novembre, annonce la souscription à laquelle elle adhère en versant le jour même sa cotisation, et, après avoir dit que le représentant Baudin est mort « au service du droit, » ajoute : « que tous les amis de la liberté doivent honorer sa mémoire et saluer avec joie le présage d'une réparation prochaine que l'honneur de la France exige. » — Et plus loin, dans un article intitulé : *Le 2 décembre en police correctionnelle :* « Puisque la date du 2 décembre vous trouble, nous ne cesserons de l'agiter devant vous et devant le pays, qui a sans doute le droit souverain et imprescriptible de révision.... » — Que *la Tribune* du 8 novembre, dans l'article : Courrier de Paris, après avoir constaté la manifestation du 2 novembre sur la tombe d'un représentant du peuple tué il y a dix-sept ans en *défendant la loi*, dit en parlant de la souscription, qu'il qualifie nationale : « Que cet élan vers la renaissance si longtemps souhaitée de la justice et de la moralité politiques, se prolonge quelques mois encore, et l'avenir ne nous offrira plus aucun sujet de doute et d'inquiétude ; » — Que, dans le même article, on trouve encore ce passage : « Cet élan se prolongera, il grandira ; nous en avons le ferme espoir. » — Attendu que ces faits ayant été établis par l'instruction et les débats, il reste à en faire l'appréciation au point de vue de leur qualification comme délit ; — Sur le premier chef de prévention imputé à tous les prévenus : — Attendu qu'ils renferment dans leur ensemble quand on ne les divise pas arbitrairement pour examiner chacun d'eux en particulier, les éléments du délit de manœuvres à l'intérieur dans le but de troubler la paix publique ou d'exciter à la haine ou au mépris du gouvernement de l'Empereur ; — Que ce que les tribunaux doivent rechercher, c'est de savoir si les manœuvres sont coupables pour le but que leurs auteurs se proposaient d'atteindre, que c'est donc le but qui doit servir à les caractériser ; — Attendu que le souvenir de la mort de Baudin était, sinon oublié pour quelques-uns, au moins effacé dans la mémoire du plus grand nombre par de longues années de repos et de calme dans les esprits ; — Que les événements commencés au 2 décembre avaient été consacrés par le rétablissement de l'Empire, et qu'un gouvernement nouveau, sorti du suffrage universel, avait fixé les destinées de la France ; — Attendu que c'est pour protester contre le pays et le gouvernement qu'il s'est donné et dans le but de déconsidérer l'Empire, et enfin de troubler la paix publique ou d'exciter à la haine ou au mépris du gouvernement de l'Empereur que le souvenir de Baudin a été exhumé de sa tombe ; — Que l'on a annoncé sur la foi d'un journal sans l'indiquer, que ce journal avait été mal informé en écrivant que les cimetières de Paris seraient fermés le jour des Morts, ce qui, d'ailleurs, n'était pas, afin de jeter de l'excitation dans les esprits ; — Que l'on a glorifié la mémoire de Baudin, qui serait tombé martyr en défendant la loi, et qu'après la manifestation du 2 novembre, les journaux *le Réveil* et *l'Avenir national* ont les premiers annoncé la souscription pour élever un monument à Baudin, comme née sur sa tombe et acceptée simultanément par ces deux organes de la presse alors qu'elle était entrée antérieurement dans les esprits des deux gérants; qu'elle rentrait nécessairement dans leurs prévisions et combinaisons; qu'elle a été regardée et appréciée par eux comme un appel aux passions politiques et dès lors comme le complément de la manœuvre organisée et le moyen d'en poursuivre les résultats attendus; — Attendu que Delescluze, gérant du *Réveil*, Charles Quentin, secrétaire de la rédaction, et Peyrat, gérant de *l'Avenir national*, sont les promoteurs principaux de cette manœuvre qui se caractérise de plus par des publications d'articles et de listes de souscriptions; — Que Charles Quentin a prononcé le premier une allocution au cimetière Montmartre, comme représentant du *Réveil*, encore bien qu'il aurait été prié de parler en cette qualité, donnant ainsi le signal à ceux qui lui ont succédé; — Attendu que Gaillard père, Gaillard fils et Peyrouton, par leurs agissements, leurs discours dans cette circonstance, ont pris part activement à cette manœuvre, dont ils connaissaient le but, et qu'ils se sont, dans tous les cas, approprié et en ont accepté la responsabilité; — Qu'enfin les journaux *la Revue politique* et *la Tribune*, par l'annonce de la souscription et les articles qui en sont le commentaire, ont continué ladite manœuvre, et, connaissant son but, se sont rendus propres, dans tous les cas, les faits qui l'ont constituée; — Attendu que cet ensemble de faits ou d'actes, le concours et l'accord de volontés qu'on y trouve de la part de tous les prévenus, caractérisent la manœuvre coupable spécifiée par la loi; — En ce qui touche le second chef de prévention : — A l'égard de Quentin : — Attendu que les paroles qu'il a prononcées n'ont pu être recueillies avec assez de précision pour y voir le caractère délictueux; — A l'égard de Gaillard fils; — Attendu que la pièce de vers lue par lui contient, dans le passage qui a été relevé ci-dessus, un appel à la foule pour provoquer ses violences contre le gouvernement, en l'excitant à la haine et au mépris de ce gouvernement; — A l'égard de Peyrouton : — Attendu que l'allocution par lui prononcée et ci-dessus relevée contient aussi le délit d'excitation à la haine et au mépris du gouvernement; — Attendu que Gaillard fils et Peyrouton n'ont point dans ces circonstances exercé le droit de discussion et d'une censure loyale; — Renvoie Quentin de ce chef de la prévention; — Et statuant à l'égard de tous les prévenus : — Leur faisant application de l'art. 2 de la loi du 27 février 1858 : Et encore à Delescluze, déja condamné à plus d'une année d'emprisonnement, de l'art. 4 de la même loi, et des art. 42 et 58 du Code pénal; — Et à Gaillard fils et à Peyrouton de l'art. 4 de la loi du 11 août 1848; — Vu l'art. 365 du Code d'instruction criminelle, Gaillard fils et Peyrouton, étant reconnus coupables de plusieurs délits; — Vu aussi l'art. 26 de la loi du 26 mai 1819; —

Vu aussi l'art. 463 du Code pénal; — Condamne Delescluze à six mois d'emprisonnement et 2,000 fr. d'amende; — Le déclare interdit des droits civiques de vote, d'élection et d'éligibilité énoncés aux n°s 1 et 2 de l'art. 42 du Code pénal, pendant le même temps; — Quentin, Challemel-Lacour, Duret et Peyrat chacun en 1,000 fr. d'amende; — Gaillard père en 500 fr. d'amende; — Gaillard fils en 150 fr. d'amende et un mois d'emprisonnement; — Peyrouton en 150 fr. d'amende et un mois d'emprisonnement; — Condamne solidairement aux amendes pour le délit de manœuvres tous les prévenus condamnés à raison de ce délit; — Condamne solidairement aux amendes pour le délit d'excitation à la haine et au mépris du gouvernement ceux des prévenus condamnés à raison de ce délit; — Prononce la suppression et la destruction des exemplaires de journaux saisis; — Fixe la durée de la contrainte par corps au minimum fixé par la loi; — Les condamne tous solidairement aux dépens. »

Appel par MM. Delescluze et Duret.

« La Cour, — Statuant sur les appels, interjetés par Delescluze et Duret, du jugement du tribunal correctionnel de la Seine, du 14 novembre 1868, et sur les conclusions prises par Delescluze devant la Cour: — Considérant que, le 29 octobre 1868, Delescluze a inséré dans le journal le *Réveil*, dont il est le gérant, un article par lequel il provoque à une manifestation autour de la tombe du représentant Baudin, au cimetière Montmartre; que le 2 novembre, en effet, un grand nombre d'individus, obéissant à cet appel, se sont rendus au cimetière Montmartre et ont entouré la tombe de Baudin; que Quentin, rédacteur du journal le *Réveil*, avait été chargé par Delescluze de représenter le journal au cimetière Montmartre; qu'il a prononcé un discours sur la tombe de Baudin; que trois autres individus ont également pris la parole; que ces discours, en partie recueillis, contenaient les plus violentes provocations à l'insurrection et annonçaient pour un temps prochain le renversement du gouvernement impérial; qu'ils étaient suivis des cris de « Vive la liberté! vive la république! » — Considérant que, le lendemain 3 novembre, Delescluze écrivit à Peyrat, gérant du journal l'*Avenir national*, pour l'engager à ne pas laisser se ralentir le mouvement de la veille et à ouvrir une souscription pour élever un monument sur la tombe de Baudin; que cette proposition fut accueillie et que, le 4 novembre, Peyrat annonça dans le journal l'*Avenir national* qu'une souscription était ouverte pour honorer par un monument funèbre la mémoire du représentant Baudin ; — Considérant que, dans les numéros parus les jours suivants des journaux le *Réveil* et l'*Avenir national*, la souscription fut recommandée dans des termes hostiles au gouvernement, des listes de souscripteurs furent publiées et la presse départementale fut conviée à propager la souscription ; — Considérant que, dans le numéro du 8 novembre du journal la *Tribune*, dont il est le gérant, Duret, s'associant à la pensée de Delescluze, écrit que : « La souscription nationale, qui est venue accentuer et couronner la manifestation du 2 novembre, atteste le réveil qui s'opère, et que, si cet élan se prolonge quelques mois encore, l'avenir n'offrira plus de doute et d'inquiétude ; » que la souscription est ouverte dans les bureaux du journal, que les fonds déposés y sont reçus et que la liste des souscriptions est publiée ; — Considérant que ces faits présentent, de la part de Delescluze et de Duret, tous les caractères du délit prévu par l'art. 2 de la loi du 27 février 1858 ; que le principal objet de cette loi a été d'assurer le maintien de la paix publique et la stabilité du gouvernement impérial, fondé par le suffrage universel ; que son art. 2 punit tout individu qui, dans le but de troubler la paix publique ou d'exciter à la haine et au mépris du gouvernement, pratique des « manœuvres » ou entretient des « intelligences » à l'intérieur ; — Considérant que le législateur n'a pas cru devoir définir d'une manière précise l'expression « manœuvres ; » qu'il a laissé, non à l'arbitraire mais à la conscience du juge, le soin de déterminer, d'après le sens généralement attribué à cette expression dans la législation pénale, si les faits soumis à son appréciation constituent des manœuvres coupables ; que les faits ont éminemment le caractère de « manœuvres, » lorsqu'ils présentent un ensemble d'actes, un accord de volontés et d'intentions ; mais qu'aussi des actes géminés, persévérants, s'enchaînant les uns aux autres, peuvent, quoique reprochés à un seul et même individu, constituer des « manœuvres ; » que d'ailleurs ces manœuvres ne sont réputées « délit » que si elles ont été pratiquées avec intention coupable et si elles ont eu l'un des buts spécifiés par la loi de 1858 ; — Considérant que la provocation par Delescluze à une manifestation sur la tombe de Baudin, la présence de plusieurs des prévenus au cimetière Montmartre, la nature des discours qui ont été prononcés, les cris qui ont suivi ces discours, la souscription qui a été ouverte, la publication des listes de souscripteurs et les commentaires qui ont accompagné cètte publication sont autant de faits établissant un accord de volontés et d'intentions et constituent des manœuvres dans le sens de la loi de 1858 ; — Considérant que, de son côté, Duret, s'associant à la pensée de Delescluze et à son œuvre, a participé à l'accord de volontés et d'intentions ; que, poursuivant le même but que Delescluze et les autres prévenus, il a ouvert la souscription, a reçu les fonds dans les bureaux de son journal et a publié les listes de souscripteurs ; que cet ensemble de faits se liant les uns aux autres présente également le caractère des manœuvres punies par la loi ; — Considérant que ces manœuvres avaient pour but de troubler la paix publique ; que, dans la pensée de leurs auteurs, elles devaient entretenir l'agitation dans les esprits, animer les citoyens les uns contre les autres et répandre de toutes parts l'alarme et l'inquiétude ; que ces manœuvres avaient également pour but d'exciter à la haine et au mépris du gouvernement ; qu'elles tendaient à dénaturer les origines du gouvernement impérial, à soulever les passions contre lui, à détruire la confiance qu'il inspire, à le représenter comme perdant les sympathies populaires et ne pouvant plus avoir qu'une courte durée ; — Considérant qu'il est prouvé que Delescluze et Duret ont agi avec intention coupable ; — Considérant que Delescluze n'était pas soumis aux peines de la récidive comme l'ont pensé les premiers juges ; qu'en effet, les condamnations antérieures prononcées contre lui, et qui, par leur nature et leur durée, pouvaient le placer en état de récidive, ont été effacées par l'amnistie générale proclamée par l'Empereur le 16 août 1859 ; — Considérant que les premiers juges ne pouvaient accorder aux prévenus le bénéfice des circonstances atténuantes ; que l'art. 463 du code pénal, ainsi que l'énonce son texte, n'est applicable qu'aux peines prononcées par le même code ; que cet art. 463 ne peut être invoqué pour atténuer les peines édictées par les lois spéciales qu'autant que ces lois en contiennent la faculté expresse ; qu'une semblable disposition n'est point insérée dans la loi du 27 février 1858 ; qu'il ne s'agit pas d'un délit commis uniquement par la voie de la presse auquel serait applicable l'art. 15 de la loi sur la presse du 14 mai 1868 ; — Mais considérant qu'aucun appel n'a été interjeté par le ministère public et que la situation des prévenus ne peut être aggravée sur leur seul appel ; que la Cour doit, au contraire, tenir compte à Delescluze de la déclaration faite par les premiers juges, qu'il existe à son égard des circonstances atténuances, et qu'il convient de réduire à 50 fr. l'amende de 2,000 fr. prononcée contre lui, en maintenant la peine de six mois de prison, que la Cour juge être en juste proportion avec la gravité du délit; — Considérant qu'il y a lieu également de maintenir la peine prononcée contre Duret; — Adoptant au surplus les motifs qui ont déterminé les premiers juges en ce qu'ils n'ont pas de contraire aux considérants qui précèdent, — Met les appellations et le jugement dont est appel au néant, en ce que les premiers juges ont condamné Delescluze à 2,000 fr. d'amende; — Réduit l'amende à 50 fr.; — Ordonne que le surplus du jugement dont est appel sortira son plein et entier effet; — Réduit à dix jours la durée de la contrainte par corps qui pourra être exercée contre Delescluze pour le recouvrement de l'amende, — Et condamne les appelants aux dépens. »

M. Saillard, pr.; M. Falconnet, rap.; M. Grandperret, proc. gén.; MM^es^ Jules Favre et Gambetta, avocats.

2e espèce. — *L'Avenir National, le Réveil, le Temps, le Journal de Paris* c. Min. pub.

30 décembre 1868. — Chambre correctionnelle.

MM. Peyrat, gérant de l'*Avenir national*, Delescluze, gérant du *Réveil*, Duret, gérant de la *Tribune*, Hébrard, gérant du *Temps*, Weiss, gérant du *Journal de Paris*, sont prévenus d'avoir à Paris en 1868 et depuis le 9 novembre, pratiqué des manœuvres à l'intérieur dans le but de troubler la paix publique et d'exciter à la haine et au mépris du gouvernement, délit prévu par la loi du 27 février 1858, (art. 2) :

28 novembre 1868, jugement du tribunal correctionnel (6e ch. — M. Vivien, président, M. Aulois, substitut) :

Le tribunal : — Attendu que l'article signé Charles Quentin du journal le *Réveil* du 29 octobre dernier, la manifestation du 2 novembre, prise dans son ensemble, l'ouverture d'une souscription dont l'initiative serait née sur la tombe de Baudin et aurait été acceptée simultanément par le *Réveil* et l'*Avenir national*, si on s'arrête à la lettre de Delescluze, en tout cas, provoquée dès le lendemain 3 novembre par ladite lettre, qui a passé dans l'*Avenir national*; le 4, une première publication d'une liste de souscription; le 5, dans les deux journaux, les articles servant de commentaire à la souscription, qui ont paru dans ces mêmes journaux, et enfin ceux relevés dans les numéros du 7 novembre de la *Revue politique*, du 8 novembre, de la *Tribune*, ont été caractérisés d'après le but coupable poursuivi, par le jugement du 14 novembre, comme constituant, de la part des prévenus y dénommés, le délit de manœuvres à l'intérieur tendant à troubler la paix publique ou à exciter à la haine et au mépris du gouvernement de l'empereur; — Attendu que ce caractère reconnu judiciairement est encore celui que le tribunal reconnaît aux faits ci-dessus dans la prévention actuelle; — En ce qui concerne Delescluze, Peyrat et Duret : — Attendu que l'ordonnance de renvoi en police correctionnelle du 9 novembre, à eux notifiée le même jour, pour répondre à l'imputation du délit dont ils étaient prévenus, en précisant au jour dit l'inculpation, a séparé légalement les faits alors connus et ayant fait l'objet d'une information de tous autres faits postérieurs qui, par leur renouvellement, pourraient constituer un autre et semblable délit; — Attendu que Delescluze, dans le numéro du 12 novembre du journal le *Réveil*, dont il est le gérant, a publié les 2e, 3e, 4e et 5e listes de la souscription du monument à élever à Baudin, ouverte dans ses bureaux; récapitulé le montant de ces listes ainsi que celui des six listes de l'*Avenir national*, le tout après avoir fait précéder le résultat d'un grand nombre de documents divers ayant trait à la souscription, de nature à exercer une influence sur l'esprit des lecteurs; — Attendu que Peyrat, gérant de l'*Avenir national*, dans le numéro du 13 novembre de son journal, a aussi publié la 7e liste de la souscription ouverte dans ses bureaux avec le montant général, en le faisant également précéder de documents relatifs à la souscription, de nature à exercer une influence sur les esprits, et suivie d'un article intitulé : « La souscription Baudin et les journaux; — Attendu que, dans le numéro du 15 novembre du journal la *Tribune*, Duret, gérant, a également publié la liste des souscriptions recueillies dans ses bureaux, en la faisant précéder et suivre de divers documents relatifs à la souscription et toujours de nature à exercer une influence sur les lecteurs; — Attendu que les publications de listes de souscriptions avec les documents divers qui les accompagnent sont la continuation de la manœuvre pratiquée à l'intérieur déjà caractérisée par le jugement du 14 novembre qui a déclaré Charles Delescluze, Peyrat et Duret coupables de cette manœuvre, et se lient par suite d'une solidarité qui rattache à un principe tous les faits qui en découlent, par un enchaînement évident, avec ceux des faits originaires qui leur ont donné naissance; — Que cette continuation tendant au même but par un lien non interrompu, ne permet cependant pas de confondre, au point de vue légal, les faits nouveaux avec les anciens, en ce sens qu'il n'y ait qu'un seul et même délit, qui aurait été purgé par le jugement du 14 novembre; — Que les faits renouvelés sont distincts par le temps, l'intention, les conséquences, alors qu'il s'agit de la poursuite et de la pénalité; — Que le tribunal, en ordonnant la suppression et la destruction des exemplaires des journaux saisis alors, n'a point entendu statuer sur un délit qui ne lui était pas encore déféré; — Que l'ordonnance de renvoi a fixé les limites dans lesquelles la prévention a pu et dû être examinée; — Que les prévenus Charles Delescluze, Peyrat et Duret se sont rendus coupables, depuis le 9 novembre 1868, à Paris, du délit de manœuvres à l'intérieur, pratiquées dans le but de troubler la paix publique et d'exciter à la haine ou au mépris du gouvernement de l'empereur; — En ce qui concerne Hébrard et Weiss: — Attendu que Hébrard, gérant du journal le *Temps*, dans son numéro du 5 novembre, après avoir dit qu'avant-hier un grand nombre de couronnes ont été déposées sur la tombe de Baudin, représentant du peuple, dont on connaît la mort héroïque, ajoute que l'*Avenir national* et le *Réveil* ouvrent simultanément une souscription ayant pour objet d'élever un monument à Baudin; qu'il transmettra à ses confrères les souscriptions qui lui seront adressées par ses lecteurs; — Que, dans le numéro du 10 novembre il a publié une première liste de souscription, précédée d'un article où il rapporte qu'à la suite des saisies pratiquées dans les bureaux de l'*Avenir national* et de la *Tribune*, le bruit s'était répandu que l'administration prétend interdire le fait pur et simple de concourir à la souscription ayant pour objet d'élever un monument à la mémoire de Baudin, et déclare que cette prétention serait une atteinte à la loi et imposerait à tous les citoyens la protestation comme un devoir; qu'il ne peut ajouter foi à de pareils bruits et qu'il en donne immédiatement la preuve en ouvrant la souscription dans les bureaux du *Temps*; — Que, de fait, il a publié successivement des listes de souscription au nombre de sept, dont la dernière a paru dans le numéro du 16 novembre, où se trouve un article dans lequel, affirmant que le droit qu'il a voulu exercer n'est pas contesté; que la souscription, considérée en elle-même, n'est pas poursuivie et ne le sera pas, il déclare, dans cette situation, fixer au jeudi la clôture de celle qu'il a ouverte; — Que ce numéro seul a été saisi; — Attendu que Weiss, gérant du *Journal de Paris*, dans son numéro du 9 novembre, connaissant, ainsi que cela résulte de son premier article, la saisie faite, le 7 au soir, de l'*Avenir national*, mais dont il ignorait le motif exact, inscrit à la troisième colonne l'annonce d'une souscription pour satisfaire au désir exprimé par plusieurs de ses amis de s'associer dans les colonnes du journal, à l'œuvre dont les deux journaux, le *Réveil* et l'*Avenir national*, ont pris l'initiative et exprimé le sentiment: « Que l'hommage public qui sera rendu à la mémoire du représentant « Baudin n'est et ne peut être qu'un hommage rendu à la liberté et à la

« patrie dans la personne de l'héroïque citoyen qui a voulu mourir « pour elles ; » — Que dans le numéro du 15 novembre (écrit le 14, mais paraissant le 15, observation qui s'applique à tous les journaux du soir), il annonce que la souscription a suivi son cours régulier depuis huit jours ; qu'il n'a pas l'intention de la prolonger au delà du terme moralement nécessaire pour donner à ceux des lecteurs qui croiront devoir y adhérer le temps d'envoyer leurs souscriptions, et fixe la clôture au 17 novembre ; — Que le numéro contient plus loin la publication d'une liste ; — Que, dans le numéro du 17 novembre, il écrit sous l'article « France, — Paris, 16 décembre 1868 — « La « *Tribune* a été saisie avant-hier, le *Temps* a été saisi hier soir ; cette « fois, c'est pour la publication de la liste qui, innocente le samedi « dans le *Temps*, s'y trouve coupable le lundi ; nous ne saurions nous « dissimuler le sort qui attend demain le *Journal de Paris* et le *Siècle*, « puisque c'est pour demain seulement que nous avons annoncé la « clôture de notre souscription, puisque demain nous devons publier « notre dernière liste, etc., etc. ; » — Que le numéro du 18 novembre a été en effet saisi ; qu'il contient la publication de souscriptions recueillies et le renouvellement de l'avis donné au public que la clôture a lieu aujourd'hui 17 novembre ; — Que ce numéro renferme l'expression de ce sentiment : — « Que le journal, en publiant sa dernière liste, « ne le fait que pour user jusqu'au bout d'un droit qu'il juge incontes- « table dans la limite et dans le sens où il l'a exercé ; — Que dans la « situation où le journal s'est placé, rien ne donne prise à une accusa- « tion de manœuvres, etc. ; » — Attendu que Hébrard et Weiss ont tous deux ouvert en novembre 1868 une souscription au monument élevé à Baudin, et ont continué cette souscription et publié des listes de souscriptions depuis le 14 novembre ; — Que vainement ils se défendent en alléguant que le fait de la souscription serait unique et l'affirmation du droit pur et simple d'élever un monument à la mémoire des morts ; — Attendu que l'ouverture de cette souscription dans le lieu même où la manifestation du 2 novembre s'est produite, dans un temps rapproché, avec la connaissance des saisies pratiquées dans les bureaux du *Réveil* et de l'*Avenir national*, continuée malgré les poursuites commencées contre plusieurs et maintenue avec persistance après le jugement du 14 novembre, encore que quelques organes de la presse s'étaient abstenus, est une association dans les colonnes des journaux le *Temps* et le *Journal de Paris* a l'œuvre dont le *Réveil* et l'*Avenir national* ont pris l'initiative ; — Que l'inauguration de cette souscription n'a point été spontanée de leur part, mais une adhésion à une succession d'actes et de faits dont le caractère a été révélé de suite par les diligences faites immédiatement pour empêcher que la paix publique ne fût troublée ; — Que du moment même de leur ingérence dans la manœuvre coupable de ceux qui en ont été les promoteurs, il y a eu un concours et un accord de volontés et d'excitations se résumant et se précisant dans le but auquel ils tendaient par suite d'un ensemble de faits et d'actes qui se suivent et s'enchaînent par un lien non interrompu ; — Attendu que si, dans le principe de l'ouverture de la souscription, les gérants des journaux le *Temps* et le *Journal de Paris* avaient voulu seulement affirmer le droit de rendre un hommage aux morts, ils auraient dû cesser, à l'instant même où les poursuites ont été commencées, et surtout après le jugement du 14 novembre, la publication des listes de souscription ; — Qu'après ce jugement, la continuation de la souscription et la publication des listes, encore bien que les gérants aient pris la précaution de dire qu'ils voulaient affirmer un droit de rendre hommage aux morts et qu'ils exerçaient ce droit dans la limite et dans le sens qu'ils indiquaient, sont une association raisonnée et réfléchie et bien autrement caractérisée que dans l'origine à l'œuvre commencée par les journaux le *Réveil* et l'*Avenir national* ; — Attendu que la souscription ouverte par Hébrard et Weiss, dans les circonstances où elle s'est produite, continuée et maintenue malgré les saisies, les poursuites commencées contre d'autres journaux et le jugement du 14 novembre, constitue la manœuvre à l'intérieur dans le but de troubler la paix publique et d'exciter à la haine ou au mépris du gouvernement de l'empereur ; — Par ces motifs, — Vu les articles 2 et 4 de la loi du 27 février 1858, l'article 26 de la loi du 17 mai 1819, les articles 42 et 463 du Code pénal, — Condamne Delescluze en six mois d'emprisonnement et 2,000 francs d'amende ; — Le déclare interdit, pendant le même temps, de l'exercice des droits civiques, de vote et d'élection ou d'éligibilité ; — Condamne Peyrat et Duret chacun en 2,000 francs d'amende ; — Dit que ces peines se confondront avec celles déjà prononcées contre eux trois par le jugement du 14 novembre présent mois ; — Condamne Hébrard et Weiss chacun en 1,000 francs d'amende : — Ordonne la suppression et la destruction des exemplaires des numéros saisis, et de tous ceux qui pourront l'être ultérieurement ; — Fixe la durée de la contrainte par corps contre chacun d'eux au minimum de la loi en cette partie des condamnations pour le recouvrement de l'amende ; — Les condamne chacun aux dépens en ce qui les concerne. »

Apppel par les gérants.

« La Cour, — Statuant sur les appels interjetés par Delescluze, Duret, Weiss et Hébrard du jugement du tribunal correctionnel de la Seine, du 28 novembre 1868, et sur les conclusions prises devant la Cour par chacun des appelants ; — Sur l'exception présentée par Delescluze et tirée de ce que les faits à raison desquels il est maintenant poursuivi sont les mêmes que ceux pour lesquels il a été condamné par le jugement du Tribunal correctionnel de la Seine, du 14 novembre 1868, et l'arrêt de la Cour du 16 décembre : — Considérant que le tribunal et la Cour ont statué seulement sur les faits dont la juridiction correctionnelle avait été saisie par l'ordonnance du juge d'instruction du 9 novembre 1868 ; que ces faits étaient nécessairement antérieurs à cette ordonnance ; — Que la poursuite actuelle se fonde au contraire sur des faits qui se sont passés depuis l'ordonnance du 9 novembre et qui n'ont été appréciés ni par le tribunal ni par la Cour ; que ces faits constituent un délit distinct de celui qui a motivé la première condamnation ; qu'il s'ensuit que Delescluze n'est pas poursuivi pour les mêmes faits et que la maxime : *Non bis in idem*, invoquée par lui ne peut recevoir son application ; — Que l'exception doit donc être repoussée ; — Au fond : En ce qui concerne Delescluze et Duret : Considérant que Delescluze, dans le numéro du 12 novembre 1868 du journal le *Réveil* dont il est gérant, rappelle la manifestation du 2 novembre, au cimetière Montmartre, autour de la tombe de Baudin, discute les faits qui ont accompagné cette manifestation, publie plusieurs lettres d'adhésion à la souscription pour élever un monument à la mémoire de Baudin, et enfin quatre listes de souscripteurs qui ont versé des fonds dans les bureaux du journal ; — Considérant que, dans le numéro du 15 novembre 1868 du journal la *Tribune*, dont il est le gérant, Duret a reproduit divers documents relatifs à la souscription ouverte pour élever un monument sur la tombe de Baudin ; qu'il a publié également la liste des souscripteurs ayant versé des fonds dans les bureaux du journal ; qu'il a annoncé qu'à la date du 14 novembre la souscription était déjà ouverte dans trente-deux journaux ; — Considérant que par ces faits, qui ont la même signification et la même portée que ceux qui ont motivé la condamnation prononcée par l'arrêt de la Cour du 16 décembre contre Delescluze et Duret, ces deux prévenus ont de nouveau commis le délit de manœuvres pratiquées à l'intérieur et ayant pour but de troubler la paix publique et d'exciter à la haine et au mépris du gouvernement ; — Qu'ils ont cherché à reproduire les sentiments hostiles au gouvernement et les irritations qu'ils s'étaient efforcés de faire ressortir de la manifestation du 2 novembre et des faits qui avaient suivi cette manifestation ; — Qu'ils ont imprimé des documents devant, dans leur pensée, faire accueillir la souscription ; qu'ils ont reçu les fonds déposés dans leurs bureaux et publié la liste des souscripteurs ; — Que ces faits prouvent un accord de volontés et d'intentions qui constitue les manœuvres prévues par la loi de 1858 ; que de plus les faits relevés à la charge de chacun des prévenus, présentent aussi par leur nombre et leur enchaînement le caractère des mêmes manœuvres ; — Qu'il est établi que le but des prévenus était de fomenter les passions, d'entretenir l'agitation dans les esprits, de nuire au gouvernement, de détruire la confiance qu'il inspire, de le signaler comme perdant les sympathies populaires, et ainsi de troubler la paix publique et d'exciter à la haine et au mépris du gouvernement ; — En ce qui concerne Weiss et Hébrard : Considérant que, dans le numéro du 9 novembre 1868, du *Journal de Paris*, dont il est le gérant, Weiss fait connaître que, plusieurs de ses amis lui ayant témoigné le désir de s'associer à l'œuvre des journaux le *Réveil* et l'*Avenir national*, qui ont pris l'initiative d'une souscription pour élever un monument à la mémoire de Baudin, il recevra les souscriptions qu'on lui adressera et les transmettra à qui de droit ; — Que, dans les numéros du *Journal de Paris* des 15 et 18 novembre 1868, des listes de souscription ont été publiées ; — Considérant que, dans le numéro du 5 novembre 1868 du journal le *Temps*, dont il est le gérant, Hébrard a inséré le passage suivant : « Un grand nombre de couronnes ont été déposées sur la tombe de Baudin. L'*Avenir national* et le *Réveil* ouvrent simultanément une souscription ayant pour objet d'élever un monument à Baudin. Nous transmettrons volontiers à nos confrères les souscriptions qui nous seront adressées par nos lecteurs ; » — Que les numéros du journal le *Temps* contiennent sept listes de souscripteurs ; — Considérant que ces faits établissent qu'un accord de volontés, une communauté d'intentions, ont existé entre Weiss et Hébrard et les promoteurs de la manifestation, du 2 novembre et de la souscription qui a suivi cette manifestation ; qu'en outre, Weiss et Hébrard ont ouvert la souscription dans leurs journaux ; qu'ils ont reçu les fonds déposés et publié les listes des souscripteurs ; — Que cet ensemble de faits matériels et successifs, se rattachant les uns aux autres, constitue les manœuvres punies par la loi de 1858 ; — Considérant que ces manœuvres, comme celles imputées à Delescluze et Duret, avaient pour but d'agiter les esprits, de représenter sous de fausses couleurs les origines et l'action du gouvernement impérial, et ainsi de troubler la paix publique et d'exciter à la haine et au mépris du gouvernement; — Qu'il est prouvé que Delescluze, Duret, Weiss et Hébrard ont agi avec intention coupable ; — Considérant que les premiers juges ont à tort déclaré que Delescluze se trouvait en état de récidive ; qu'en effet, s'il est vrai que Delescluze a déjà été condamné plusieurs fois à des peines qui, par leur nature et leur durée, pouvaient entraîner la récidive, ces condamnations ont été effacées par l'amnistie générale proclamée par l'Empereur le 16 août 1859 ; — Considérant que les premiers juges ne pouvaient pas également, comme ils l'ont fait, modifier les peines posées par l'article 2 de la loi du 27 février 1858, par l'admission des circonstances atténuantes; que l'article 463 du Code pénal n'est applicable qu'aux peines prononcées par ce Code ; qu'il ne peut être invoqué pour modifier les peines portées par les lois spéciales que si ces lois énoncent d'une manière expresse que le juge aura cette faculté; qu'aucune disposition semblable ne se trouve dans la loi du 27 février 1858 ; — Que l'art. 15 de la loi sur la presse du 11 mai 1868 ne permettait pas non plus l'admission de circonstances atténuantes, puisque les faits reprochés aux prévenus ne constituaient pas des délits uniquement commis par la voie de la presse; — Mais considérant que le ministère public n'a pas interjeté appel de la décision des premiers juges et que la situation des prévenus ne peut être aggravée sur leur seul appel; — Qu'il y a lieu de faire profiter Delescluze de la déclaration des premiers juges portant qu'il existe, à son égard, des circonstances atténuantes; que l'amende de 2,000 francs prononcée contre lui doit être réduite à 50 francs, les autres peines étant maintenues, comme se trouvant en juste proportion avec la gravité des faits ; — Considérant que les juges ont avec raison fait application de l'article 365 du Code d'instruction criminelle et décidé qu'à l'égard de Delescluze et de Duret les peines prononcées pour le nouveau délit se confondraient avec celles dont ils ont été frappés par le jugement du 14 novembre et l'arrêt de la Cour du 16 décembre 1868 ; — Adoptant au surplus les motifs qui ont déterminé les premiers juges, en ce qu'ils n'ont pas de contraire aux considérants qui précèdent ; — Met les appellations et le jugement dont est appel au néant, en ce que les premiers juges ont condamné Delescluze à 2,000 francs d'amende; — Emendant quant à ce, — Réduit l'amende prononcée contre Delescluze à 50 francs; Ordonne que le surplus du jugement dont est appel sortira son plein et entier effet; Rejette l'exception présentée par Delescluze et tirée de la maxime: *Non bis in idem*; — Réduit à dix jours la durée de la contrainte par corps qui pourra être exercée contre Delescluze pour le recouvrement de l'amende; — Condamne les appelants aux dépens. »

M. Saillard, pr.; M. Falconnet, rap.; M. Aubépin, av. gén.; MMes Andral, Gambetta et Dufaure, avocats.

N° 1689.

PRESSE. — JOURNAL NON CAUTIONNÉ. — MATIÈRES POLITIQUES. — EXCITATION AU MÉPRIS ET A LA HAINE DES CITOYENS. — JUGEMENT. — EXÉCUTION PROVISOIRE. — OPPOSITION. — CITATION. — DÉLAI.

L'art. 13 *de la loi du* 11 *mai* 1868, *qui décide que l'opposition ou l'appel entraînent de plein droit citation à la plus prochaine audience, n'a pas organisé une situation spéciale de procédure et abrégé, par dérogation aux art.* 184 *et* 188 *Inst. crim., le délai entre la citation et la comparution, qui doit être au moins de trois jours.*

La question d'exécution provisoire du jugement quant à la suppression du journal, n'a plus d'intérêt devant la Cour (loi du 11 mai 1868, art. 12 et 13).

Est toujours en vigueur, l'art. 5 *du décret du* 17 *février* 1852 *relatif à la suppression d'un journal publié sans cautionnement.*

Commet le délit d'excitation au mépris et à la haine des citoyens les uns contre les autres, le journaliste qui excite les passions des pauvres contre les riches, des travailleurs contre les capitalistes, et dénigre systématiquement l'ordre social.

Le journal l'*Art* c. Min. pub.

10, 16, 18, 22 et 25 juillet 1868. — Chambre correctionnelle.

MM. Cimetière, gérant, Kugelman, imprimeur, et Cluseret, rédacteur du journal l'*Art*, sont prévenus d'avoir publié dans un journal non cautionné des articles surtout de matières politiques et d'avoir cherché à troubler la paix publique en excitant le mépris et la haine des citoyens, les uns contre les autres. Ils ont été, le 19 juin 1868, condamnés, par défaut, Cimetière à un mois de prison et 1,000 fr. d'amende, Cluseret en deux mois de prison et 1,000 fr. d'amende, Kugelman en

15 jours de prison et 1,000 fr. d'amende. Ce jugement a ordonné la suppression du journal et l'exécution provisoire sur ce chef, nonobstant opposition ou appel (loi du 11 mai 1868, art. 13). MM. Cimetière et Kugelman ont formé opposition à ce jugement. M. Cimetière a demandé la nullité de la citation et du jugement pour inobservation des délais prescrits par la loi.

26 juin 1868, jugement du tribunal correctionnel de la Seine :

« Le tribunal, — Sur les conclusions exceptionnelles prises par Cimetière : — Attendu que le jugement dont est opposition a été rendu contre Cimetière le 19 juin 1868; — Qu'il a été signifié, à la requête de M. le procureur impérial, le 23 ; — Que l'opposition dudit Cimetière a été régulièrement formée le 24 ; — Qu'il a été cité à ce jour pour voir statuer sur ladite opposition ; — Attendu que Cimetière soutient qu'aux termes des art. 184, 187 et 188 du code d'instruction criminelle, il doit y avoir un délai de trois jours francs entre la citation et la comparution, et ce à peine de nullité de la condamnation ; — Que, dès lors, la citation donnée aujourd'hui doit être déclarée nulle et qu'il n'y a lieu de prononcer aucune peine ; — Attendu qu'aux termes de l'art. 13 de la loi du 11 mai 1868, l'exécution provisoire du jugement qui prononce la suspension ou la suppression d'un journal ou écrit périodique, nonobstant opposition ou appel, sera suspendue si l'opposition ou l'appel sont formés dans les vingt-quatre heures de la signification du jugement ou arrêt par défaut ; — Que l'opposition ou l'appel entraîneront de plein droit citation à la plus prochaine audience et qu'il sera statué dans les trois jours ; — Attendu que cet article prévoit une situation spéciale de procédure et en règle la marche dans des termes clairs et précis; — Que la situation prévue est celle où la publicité veut se défendre d'urgence contre la mesure grave de la suppression de sa feuille et en empêcher l'exécution ; — Que le moyen qui lui appartient pour atteindre ce but est de s'opposer dans les vingt-quatre heures de la signification ; — Attendu que, le but ainsi atteint, l'intéret public exige que la solution soit prompte, que les délais soient exceptionnels comme l'effet exceptionnel de l'opposition qui suspend l'ordre d'exécution provisoire; — Que, dès lors, l'art. 13 forme une exception radicale aux principes généraux des art. 184 et 188 du code d'instruction criminelle et ne saurait être expliqué par l'ancienne jurisprudence ; — Attendu que le journal l'*Art* a été supprimé par le jugement précité ; que Cimetière a suivi la procédure indiquée par l'art. 13 de la loi du 1er mai 1868 et qu'il a été cité régulièrement et à délai suffisant, conformément aux dispositions du même article, — Le déclare mal fondé dans ses conclusions, fins et moyens, l'en déboute et le condamne aux dépens ; ordonne qu'il sera passé outre aux débats. »

Après le rejet de cette exception, MM. Cimetière et Kugelman ayant accepté le débat, le tribunal a maintenu le jugement par défaut du 19 juin. Appel de ces deux jugements par MM. Cimetière et Cluseret. Le débat s'est d'abord engagé sur l'exception, devant la cour qui a rendu le 18 juillet les deux arrêts suivants :

1° Arrêt contre M. Cimetière :

« La Cour, — Considérant qu'après le prononcé dudit jugement, Cimetière, interrogé par le président, a déclaré accepter le débat au fond ; qu'il a fourni ses réponses et développé ses moyens personnels de justification ; que son avocat a plaidé ; qu'ainsi toutes les formalités de la loi qui font le débat contradictoire ont été remplies et que la défense a été complète, — Déclare l'appel de Cimetière non recevable et ordonne qu'il sera passé outre aux débats, et renvoie l'affaire au mercredi 22 juillet. »

2° Arrêt contre M. Cluseret :

« La Cour, — Statuant sur l'appel interjeté par Cluseret, du jugement du 28 juillet 1868, et sur les conclusions déposées à la date du 16 juillet 1868, par lesquelles il demande la nullité de la condamnation prononcée contre lui par ledit jugement, parce que le ministère public n'aurait pas observé à son égard les délais prescrits, à peine de nullité, par l'art. 184 du code d'instruction criminelle : — Considérant que, le premier jugement prononçant contre lui une condamnation, à la date du 19 juin, lui ayant été signifié le 23, Cluseret a fait opposition à ce jugement dans les vingt-quatre heures de sa signification, conformément aux termes de l'art. 13 de la loi du 11 mai 1868 ; — Qu'il a été cité le lendemain même de son opposition pour l'audience du 26 juin ; — Qu'il s'agit de décider si l'art. 13 de la loi du 11 mai 1868 a organisé une situation spéciale de procédure et abrégé les délais entre la citation et la comparution, en dérogeant aux principes généraux des art. 184 et 188 du code d'instruction criminelle ; — Considérant qu'entre les mots de l'art. 188 du code d'instruction : « L'opposition emportera de plein droit citation à la première audience, » et ceux de l'art. 13 de la loi du 11 mai 1868 : « L'opposition ou l'appel entraîneront de plein droit citation à la plus prochaine audience, » il y a une similitude absolue ; — Qu'il y a donc lieu de les interpréter et de les expliquer de la même manière, à moins qu'il ne résulte de la discussion devant les chambres une interprétation différente ; — Considérant que la jurisprudence avait décidé et qu'une pratique constante avait consacré « que la première audience, pour laquelle l'opposition ou l'appel vaut citation et à laquelle l'opposant ou l'appelant est tenu de comparaître, ne peut s'entendre que de la première des audiences données par le tribunal ou par la cour, après les trois jours qui suivent l'opposition, et qu'avant l'expiration de ces trois jours, il ne peut intervenir de condamnation valable contre les personnes citées ; » — Considérant que cette interprétation a été maintenue devant le Corps législatif pour les termes de l'art. 13 de la loi du 11 mai 1868; qu'en effet, les orateurs les plus autorisés ont déclaré que, dans la loi en discussion, l'expression : « Citation à la plus prochaine audience » était prise dans le sens que la loi générale lui donne, dans le sens que lui ont assuré une jurisprudence et une doctrine constantes; » — Que, dans un autre paragraphe aussi explicite, la pensée de l'art. 13 est nettement expliquée, dans les termes suivants : « L'opposition, ayant été formée dans le délai que je viens de dire, entraînera citation à la plus prochaine audience, c'est-à-dire à la plus prochaine audience après l'expiration du délai de trois jours, qui se place, dans tous les cas, entre cette citation et la comparution ; » — Considérant que cette interprétation met d'accord les intentions de la loi avec les droits de la défense, qui doit avoir un délai suffisant pour préparer ses moyens ; — Met l'appellation et le jugement dont est appel à néant ; — Et statuant, conformément à l'art. 215 du code d'instruction criminelle, — La Cour évoque et remet l'affaire au mercredi 22 juillet courant pour être plaidée au fond. »

M. Falconnet, f. f. de pr.; M. Bondurand, rap.; M. Benoist, av. gén.; MMes Bezout et Durier, avocats.

Le 22 juillet, arrêt définitif :

« La Cour, — Sur la suppression du journal l'*Art*, — Considérant que la suppression prononcée par le jugement dont est appel l'a été par application de l'art. 5 du décret du 17 février 1852, lequel est en vigueur et n'a été modifié par aucune loi subséquente ; — que cette suppression édictée en vue d'une contravention est absolument différente de celle qui est prononcée par l'art. 12 de la loi du 11 mai 1868; — Sur le second chef des conclusions qui tend à faire dire par la Cour que l'exécution provisoire, en ce qui concerne la suppression, ne pouvait être prononcée par le jugement dont est appel; — Considérant qu'il est désormais inutile de rechercher et de décider si l'exécution provisoire de la suppression édictée par l'art. 13 de la loi du 11 mai 1868 ne se borne pas à la suppression prononcée dans les conditions prévues par l'art. 12 de ladite loi; — Que la cause ne se présente plus entière sur ce point, l'arrêt de la Cour devant consacrer une situation définitive; — Adoptant, etc., — Vu les art. 15 de la loi du 11 mai 1868 et 463 du code pén., — Décharge l'appelant de la condamnation à l'emprisonnement, maintient l'amende, etc. »

« En ce qui concerne Cluseret : — Considérant qu'il est l'auteur de deux articles intitulés le *Salon*, publiés dans le numéro du journal l'*Art*, l'un le 29 mai et l'autre le 5 juin 1868; — Que dans le premier article il attaque avec violence l'organisation actuelle de la société et traite la question du paupérisme et du capital par les phrases suivantes qui décrivent un mendiant : « Squelette décharné, tordu, passé au laminoir social par quelque combinaison ingénieuse de capitaliste... La pommette est trop près de l'oreille et l'orbite trop creux. Savez-vous ce qui creuse les orbites et recule les pommettes? C'est l'argent enlevé à la production par votre société, fille du privilége, pour le donner à la protection; » — Considérant que dans les articles susindiqués il excite les passions des pauvres contre les riches, des travailleurs contre les capitalistes par une comparaison empreinte d'un sentiment d'hostilité et de haine; qu'après avoir appelé les cathédrales « les vastes et somptueux monuments de l'ignorance humaine, » il résume sa pensée sur l'organisation du travail par ces phrases : « Quiconque ne produit pas et dépense, paye avec l'argent du travailleur avec ou sans son consentement; il n'y a qu'une seule monnaie au monde, le travail populaire; quelle que soit la main qui paye, pape, empereur ou roi, évêque ou abbé, peuple, dis-toi, si ces gens régalent, c'est moi qui paye ; » Considérant qu'en traitant la question de guerre, il s'exprime dans les termes suivants : « Cette boucherie humaine où des hommes complétement étrangers les uns aux autres s'entr'égorgent pour la plus grande satisfaction d'ambitieux despotes qui se tiennent à distance, est quelque chose d'horrible; le bagne est un sanctuaire en comparaison des palais qui abritent de semblables monstres. Et quand on songe que des brutes à face humaine s'égorgent et laissent veuves et orphelins sur un ordre et pour un bout de ruban qu'ils montrent avec orgueil, on se demande quel est le plus méprisable de celui qui commande et de celui qui obéit; » — Considérant que de telles pensées et de telles expressions jettent la déconsidération sur les citoyens qui, soumis à l'appel de la loi, versent leur sang pour la patrie; qu'elles sont une insulte à leur dévouement; qu'elles appellent également le mépris sur ceux qui en temps de guerre commandent et sur ceux qui obéissent; — Considérant que les explications et protestations de Cluseret ne sauraient prévaloir contre la réalité des choses; que ses attaques violentes, passionnées, faites en termes injurieux, se sont suivies et répétées, et constituent un système arrêté de dénigrement de l'ordre social actuel; — Qu'ainsi, par ces articles, Cluseret a cherché à troubler la paix publique en excitant le mépris ou la haine des citoyens les uns contre les autres; — Le condamne en deux mois de prison et 1,000 fr. d'amende. »

M. Falconnet, f. f. de pr.; M. Eondurand, rap.; M. Benoist, av. gén.; Me Bezout, avocat.

M. Kugelman n'avait interjeté appel que du jugement rendu sur le fond, et le 10 juillet 1868 :

« La Cour, — Statuant sur l'appel interjeté par Kugelmann du jugement contre lui rendu le 26 juin 1868 : — En ce qui touche l'appréciation et la qualification des faits, — Adoptant les motifs des premiers juges ; — Mais considérant que la peine prononcée contre Kugelmann est trop sévère, et qu'il y a lieu de faire au prévenu une plus large application des dispositions de l'art. 463 du code pénal, — Met l'appellation au néant ; — Met également à néant le jugement dont est appel en ce que les premiers juges ont condamné Kugelmann à quinze jours d'emprisonnement et 1,000 fr. d'amende ; — Emendant quant à ce, — Supprime la peine de quinze jours d'emprisonnement prononcée contre Kugelmann ; — Réduit à 500 fr. l'amende à laquelle ledit Kugelman a été condamné ; — La sentence au résidu sortissant effet; — Toutefois, réduit à trois mois la durée de la contrainte par corps, s'il y a lieu de l'exercer. — Et condamne l'appelant aux dépens. »

M. Falconnet, f. f. de pr.; M. Bondurand, rap.; M. Benoist, av. gén.; Me Frédéric Thomas, avocat.

N° 1690.

PRESSE. — DIFFAMATION. — CONTRAINTE PAR CORPS. — ARRÊT PAR DÉFAUT. — OPPOSITION. — DÉCHÉANCE.

I. *Est coupable du délit de diffamation, le journaliste qui, sous la forme d'un examen de divers procès définitivement jugés, impute à son adversaire, avec intention de lui nuire, des faits portant atteinte à son honneur et à sa considération.*

II. *Il n'y a pas lieu de diviser la durée de la contrainte par corps pour l'amende, les dommages-intérêts et les frais.*

III. *Est déchu de son opposition à un arrêt par défaut, celui qui ne comparaît pas pour la soutenir.*

Mirès (*la Presse*) c. Sinson de Saint-Albin.

30 décembre 1868. — Chambre correctionnelle.

M. Sinson Saint-Albin, banquier à Paris, se plaint d'avoir été diffamé par M. Jules Mirès.

31 juillet 1868, jugement du tribunal correctionnel de la Seine (6e ch.; M. Delesvaux, président; MMes Busson-Billault et Saglier, avocats) :

Le tribunal, — Attendu que dans le numéro du journal la *Presse*, il a été publié, à Paris, un article signé Mirès, intitulé : *A M. Oscar de Vallée, premier avocat général à la Cour impériale de Paris;* — Que, dans cet article, l'auteur, se livrant à un examen, à son point de vue, des phases diverses de procès nombreux qu'il a eus avec Sinson Saint-Albin, et qui ont été vidés par jugements et arrêts dont plusieurs ont acquis l'autorité de la chose jugée, allègue que ledit Sinson Saint-Albin a cherché à le spolier, que ses prétentions étaient déloyales, que ses entreprises étaient honteuses et qu'il lui fera boire cette honte; que les tentatives qu'il a exercées contre lui, et qui s'appellent, en matière civile, dol personnel, prennent une autre qualification en matière criminelle; — Qu'il impute ensuite à son adversaire des faits déterminés, qu'il a pris soin de qualifier lui-même, en les faisant figurer dans la plainte en escroquerie dirigée contre Sinson Saint-Albin, laquelle plainte a été déclarée mal fondée par le tribunal, aux termes d'un jugement qui a aujourd'hui force de chose jugée; — Attendu que ces allégations et imputations portent atteinte à l'honneur et à la considération du plaignant; — Qu'elles ont été écrites avec l'intention manifeste de nuire : qu'elles constituent à l'égard de Sinson

Saint-Albin, le délit de diffamation ; qu'elles lui ont causé un préjudice dont il lui est dû réparation ; — Attendu que Mirès, en fournissant ledit article dont il est l'auteur, sachant qu'il devait être publié, a aidé et assisté avec connaissance l'auteur de l'action dans les faits qui l'ont préparée, facilitée et consommée ; — Qu'il s'est ainsi rendu complice du délit de diffamation relevé, complicité prévue et punie par les art. 59-60 du code pénal et 18 de la loi du 17 mai 1819, — Condamne Mirès en 2,000 fr. d'amende ; — Fixe à huit mois la durée de la contrainte par corps ; — Dit et ordonne, à titre de réparation civile, que le présent jugement, motifs et dispositif, sera inséré dans le journal la *Presse*, dans les trois jours de la sommation qui lui en sera faite par le plaignant, et ce, à peine de 1,000 francs de dommages-intérêts dès à présent fixés en cas de refus, et sous une contrainte par corps de quarante jours ; — Dit et ordonne que ledit jugement, motifs et dispositif, sera, en outre, inséré dans six journaux de Paris, le tout au choix de Saint-Albin et aux frais de Mirès ; — Condamne ledit Mirès aux dépens. »

Appel par M. Mirès qui fait défaut.

« La Cour, — Adoptant, etc., confirme, et considérant néanmoins qu'il n'y avait pas lieu de diviser la durée de la contrainte par corps, en fixe à une année la durée pour le recouvrement de l'amende, des dommages-intérêts et des frais. »

Opposition par M. Mirès.

« La Cour, — Considérant que par exploits des 7 janvier et 5 mars 1868, Sinson Saint-Albin a fait citer directement Mirès devant le tribunal correctionnel de la Seine sous l'inculpation de diffamation commise envers lui dans le numéro du journal *la Presse* du 2 octobre 1867, et que sur ces citations est intervenu, le 15 mars 1868, un jugement par défaut contre Mirès, le condamnant pour le délit ci-dessus spécifié à 2,000 fr. d'amende et ordonnant la mention du jugement dans le journal *la Presse* et dans 6 journaux au choix de Saint-Albin ; — Considérant que, par suite de l'opposition formée le 9 juin par Mirès à l'exécution de ce jugement est intervenu, le 31 juillet 1868, un jugement condamnant contradictoirement Mirès à 2,000 fr. d'amende et ordonnant également l'insertion du jugement dans un certain nombre de journaux ; — Considérant que, par acte en date du 8 août, Mirès a déclaré interjeter appel de ce jugement ; que l'affaire ayant été portée à l'audience de la Cour le 16 septembre 1868, Mirès n'a pas comparu, et que la Cour a confirmé par défaut la sentence des premiers juges ; — Considérant que cet arrêt ayant été signifié à Mirès le 2 novembre 1868, il a déclaré y former opposition par acte extra-judiciaire du 7 novembre; — Considérant que l'affaire portée de nouveau à l'audience de la Cour du 25 novembre a été, sur la demande de Mirès, renvoyée à quatre semaines, avec réassignation, et que ledit Mirès a été en conséquence assigné de nouveau pour le 23 décembre 1868; — Considérant que ledit jour 23 décembre l'affaire encore appelée a été, sur nouvelle demande de Mirès, remise au 30 décembre, et qu'après ces remises successivement sollicitées et obtenues, Mirès s'est présenté à l'audience du 30 décembre, s'est ensuite retiré, déclarant ne pas accepter le débat, et que l'affaire pouvait être jugée sans lui ; — Que dans ces circonstances Mirès a encouru la déchéance de son opposition pour défaut de comparution ; — Qu'il y a donc lieu de déclarer l'opposition non avenue, etc. »

M. Saillard, pr.; M. Thévenin, rap.; M. Aubépin, av. gén.; Me Busson-Billault, avocat.

N° 1691.

PRESSE. — DIFFAMATION. — DROITS DU JOURNALISTE. — AUTEUR.

Ne sont pas coupables de diffamation :

1° *Le journaliste qui attaque, même d'une façon trop vive et trop acérée, la publication d'un catalogue, sans intention de nuire à son auteur, lequel d'ailleurs en descendant volontairement dans l'arène de la publicité s'est soumis à la discussion, à la critique et à la censure qui appartiennent au publiciste comme au public tout entier* (1re espèce).

2° *Le journaliste qui, dans une critique du spiritisme, cite, comme une de ses victimes, une personne à laquelle il n'a pas l'intention de nuire* (2e espèce).

Est coupable de diffamation, le journaliste qui allègue que les éditeurs, en publiant un ouvrage, ont voulu récompenser l'auteur de six mois d'espionnage (3e espèce).

1re espèce. — Gancia c. Blondeau (le *Fouet.*)

3 juillet 1868. — Tribunal correctionnel de la Seine (1).

M. Gancia, ancien libraire, se plaint d'avoir été diffamé par M. Blondeau, gérant et rédacteur du journal le *Fouet.*

3 juillet 1868, jugement du tribunal correctionnel de la Seine (6e ch.) ; M. Delesvaux, pr. :

(1) Il n'y a pas eu d'appel.

« Le tribunal, — Attendu qu'au cours de la présente année 1868, Gancia a publié à Paris une brochure intitulée : *Catalogue de la Bibliothèque de M. Gancia*, composée en partie des livres de la première bibliothèque du cardinal Mazarin et d'ouvrages précieux provenant des principaux cabinets dispersés pendant les vingt dernières années ; — Que, dans ce catalogue, les ouvrages sont décrits de manière à initier le public à tous leurs mérites et à leur valeur, à raison de la date de l'impression, de la rareté de l'édition, du nom du précédent propriétaire et de toute autre circonstance de nature à faire hausser cette valeur, et d'arriver ainsi à une vente à prix avantageux ; — Attendu qu'en faisant cette publication Gancia est volontairement descendu dans l'arène de la publicité ; qu'il s'est soumis à la discussion, à la critique de tous les faits qu'il énonçait et à la censure de sa manière de faire dans cette circonstance ; — Que ce droit de critique et de censure qui appartient au publiciste, comme au public tout entier, ainsi provoqué et sollicité, est le remède nécessaire contre l'expansion du charlatanisme des annonces ; — Attendu que, dans l'espèce, comme dans toute espèce semblable, il s'agit donc d'examiner si le critique a excédé son droit, ou si le censeur, au lieu d'attaquer l'acte, a agi avec l'intention de nuire à l'honneur et à la considération de la personne ; — Attendu que, dans le numéro du 26 avril 1868 du journal le *Fouet*, Amédée Blondeau, rédacteur en chef gérant, a publié, à Paris, un article intitulé : « Livres rares et précieux, » qui s'applique au catalogue Gancia ; — Que, dans cet article, l'auteur relève certains anachronismes, certaines descriptions ou énonciations inexactes, qui sont de nature à augmenter la valeur attribuée à certains ouvrages catalogués et à induire en erreur les bibliophiles trop confiants ou insuffisamment attentionnés ; — Que les termes employés sont quelquefois trop vifs, l'ironie trop acérée, mais que la critique, la discussion et la censure n'excèdent point le droit qui appartient au publiciste, provoqué par la publication du catalogue ; — Que, d'ailleurs, il résulte de l'instruction et des débats que Blondeau n'a point agi avec l'intention de nuire à l'honneur et à la considération personnelle de Gancia, caractéristique du délit de diffamation ; — Par ces motifs, — Le tribunal renvoie Blondeau des fins de la plainte et condamne la partie civile aux dépens. »

2e espèce. — Princesse de Beauvau-Craon c. de Coëtlogon (l'*Evénement*)
22 décembre 1868. — Tribunal correctionnel de la Seine (1).

Madame la princesse de Beauvau-Craon prétend avoir été diffamée

(1) Il n'y a pas eu d'appel.

dans un article intitulé les *Salons de Paris*, publié dans l'*Evènement* par M. le vicomte de Coëtlogon.

« Le tribunal, — Attendu que l'article dont se plaint la princesse de Beauvau-Craon est une critique du spiritisme ; — Que le nom de la princesse de Beauvau-Craon n'y a été introduit qu'à l'occasion d'une demande en interdiction intentée contre elle par les membres de sa famille, prenant sa source dans des actes ayant du rapport avec le sujet traité par l'auteur de l'article ; — Attendu qu'il résulte des circonstances de la cause que le vicomte de Coëtlogon, sous le pseudonyme de vicomte de Loyat, n'a été animé d'aucune mauvaise intention contre la princesse de Beauvau-Craon et que le blâme que contient l'article incriminé ne s'applique point à elle, mais à celui qu'il suppose avoir abusé de son influence sur la princesse de Beauvau-Craon ; — Par ces motifs, — Renvoie les prévenus des fins de la plainte sans dépens. »

3e espèce. — Gaillard c. Revoil (le *Pilori* et le *Fouet.*)

12 août 1868. — Tribunal correctionnel de la Seine (1).

M. Henri Gaillard, auteur d'un livre intitulé *Coups de fusil et coups de vent*, se plaint d'avoir été diffamé par M. Revoil, homme de lettres, dans deux articles des journaux le *Pilori* et le *Fouet*.

12 août 1868, jugement du tribunal correctionnel de la Seine (6e ch. ; M. Delesvaux, pr. ; M. Blain des Cormiers, substit. ; Mes Cléry et Carraby, avocats) :

« Le tribunal, — Attendu que, dans le numéro du journal le *Pilori* du 8 juin 1868, il a été publié, à Paris, un article intitulé : *Coups de fusil et coups de vent*, signé : B. Revoil ; — Que, dans le numéro du journal le *Fouet* du 28 juin suivant, il a été publié un second article sous le même titre et sous la même signature ; — Attendu que, dans le premier article, l'auteur, au cours de la critique de l'ouvrage de Gaillard intitulé : *Coups de fusil et coups de vent*, allègue que les éditeurs dudit ouvrage ont eu la faiblesse de récompenser ainsi six mois d'espionnage ; — Que, dans le second article, l'auteur, plus amer encore dans sa critique littéraire, reproduit l'allégation en disant que la bonne foi des éditeurs a été surprise, ou bien qu'ils ont payé certains services de cette façon-là ; — Que cette allégation d'un fait suffisamment caractérisé porte atteinte à l'honneur et à la considération du plaignant ; — Qu'elle a été faite avec l'intention manifeste de nuire à sa personne , — Que le délit de diffamation prévu et puni par l'art. 18 de la loi du 17 mai 1819 a donc été commis ; — Attendu que Revoil, auteur des articles incriminés, s'est rendu complice du susdit délit en

(1) Il n'y a pas eu d'appel.

aidant avec connaissance l'auteur principal dans les faits qui l'ont préparé, facilité et consommé, et ce, en fournissant au journal le *Pilori* et au journal le *Fouet* lesdits articles, sachant qu'ils seraient publiés, complicité prévue et punie par les art. 59 et 60 du code pénal et l'article précité de la loi de 1819, — Condamne Revoil en 300 francs d'amende, fixe à trois mois la durée de la contrainte par corps et le condamne aux dépens demandés par le plaignant comme seuls dommages-intérêts; ordonne l'insertion du jugement dans trois journaux de Paris, au choix du plaignant et aux frais du condamné. »

N° 1692.

PRESSE. — DIFFAMATION. — ADMINISTRATION. — PRÉFECTURE DE POLICE.

Est coupable de diffamation envers l'administration de la préfecture de police, le journaliste qui prend un fait administratif pour le généraliser, en faire un sujet de blâme pour elle, l'injurier et la diffamer.

Min. pub. c. *Courrier de l'Intérieur.*

23 décembre 1868. — Tribunal correctionnel de la Seine (1).

« Le tribunal, — Attendu que Carré, alors gérant du journal le *Courrier de l'Intérieur*, a publié à Paris, en 1868, dans le numéro du 13 novembre, sous la rubrique : *Courrier judiciaire*, avec ce sommaire : *Roulement du tribunal de la Seine ; des titres à l'avancement... en matière de police*, un article qui, à partir de ces mots : — « L'administration a la triste habitude de nier absolument les torts de ses agents, » jusqu'à ceux-ci : « Il est vrai que vous avez été insulté, menacé dans votre personne, dans celles de vos affections les plus chères et que vous n'êtes pas agent de police, » est incriminé comme injurieux et diffamatoire pour l'administration de la préfecture de police ; — Que Victor Cosse, signataire de l'article, et Kugelmann, imprimeur, reconnaissent, le premier qu'il en est l'auteur et qu'il l'a fourni à Carré pour le publier, le second qu'il a imprimé le numéro du journal qui le contient, après en avoir pris connaissance ; — Attendu que Gelly, ancien militaire, alors agent de police à Bar-le-Duc, a demandé, le 20 juillet 1858, par rappel d'une demande du 20 février précédent, un emploi de sergent de ville à Paris ; que Gelly y avait joint ses états de service militaires et un certificat du commissaire de police à Bar-le-Duc, attestant que, depuis trois ans, il avait toujours rempli ses fonctions avec activité, discrétion et dévoûment ; — Attendu qu'admis en novembre 1858, après une information préalable, il a été

(1) Il n'y a pas eu d'appel.

révoqué cette année de ses fonctions de sergent de ville par le préfet de police, et livré par ses ordres à la justice, pour mauvais traitements sur ses jeunes enfants ; — Attendu qu'à l'occasion de la traduction en police correctionnelle, de nouveaux renseignements ont été demandés à Bar-le-Duc, et que, par une lettre du 14 octobre 1868, le commissaire de police de cette ville a fait connaître qu'au 23 octobre 1858, Gelly avait donné sa démission, ayant eu un différend avec un de ses collègues et parce que ses rapports étaient devenus assez difficiles avec la population, à cause de la rigueur qu'il mettait dans l'accomplissement de ses devoirs ; que toutefois, pendant son séjour à Bar-le-Duc, il n'avait jamais eu rien à lui reprocher relativement à la probité et à des actes de violence ; — Attendu que c'est sur ce document que Victor Cosse a écrit l'article du 13 novembre, sous ce sommaire : « Des titres à l'avancement... en matière de police, » dans lequel il reproche à l'administration « de nier habituellement et absolument les torts de ses agents, au lieu de s'efforcer de les réparer et d'en prévenir le retour ; de préférer, par la protection qu'elle accorde aux coupables, assumer une part de responsabilité, sans voir que la considération s'en affaiblit ; » Cite le fait de Gelly, traduit en police correctionnelle, qu'il présente comme ayant été révoqué à Bar-le-Duc, de ses fonctions d'agent de police, à raison de son extrême brutalité ; — Ajoutant plus bas « qu'il est étonnant que cet homme, révoqué à Bar-le-Duc pour sa brutalité, ait été appelé à Paris pour y remplir les mêmes fonctions ; » — Et plus loin : « S'il était trop brutal pour Bar-le-Duc, il devait être excellent ailleurs ; il vint donc à Paris, où il fut accueilli à bras ouverts. Depuis trois ans, il a obtenu, chaque année, de l'avancement ; est-ce à dire qu'il se soit corrigé de ses habitudes sauvages et qu'il soit devenu plus humain ? Non pas. Mais alors il ne doit son avancement qu'à ces violences même, qu'on blâme quand elles s'adressent à la famille, mais qui sont dignes d'éloges quand elles ont pour victimes des prévenus ou des suspects ; » — Attendu que ces passages suffisent à caractériser dans quel esprit ils ont été écrits ; que l'auteur de l'article, confondant une démission donnée à Bar-le-Duc, pour des motifs particuliers à cette localité, avec une prétendue révocation pour brutalité ; oubliant que Gelly n'a été convaincu de violences sur ses enfants que depuis son séjour à Paris, a pris un fait administratif pour le généraliser, en faire un sujet de blâme pour l'administration de la police et l'injurier et la diffamer ; — Attendu que Carré, comme gérant et auteur principal, Victor Cosse et Kugelmann, comme complices, ayant agi sciemment, ont commis le délit prévu et puni par les art. 1er de la loi du 17 mai 1819, 5 de la loi du 25 mars 1822, 59 et 60 du code pénal ; — Vu l'art. 463 du code pénal et l'art.

26 de la loi du 26 mai 1819; — Condamne Victor Cosse en quinze jours de prison, 150 francs d'amende; Carré en 150 francs d'amende, et Kugelmann en 50 francs d'amende; — Ordonne la destruction de tous les exemplaires du numéro du journal incriminé qui auraient été saisis ou qui pourront l'être ultérieurement; fixe la durée de la contrainte par corps pour le recouvrement des amendes au minimum édicté par la loi, et les condamne tous solidairement aux dépens. »

N° 1693.

COMMUNIQUÉ. — ÉTENDUE. — SILENCE DE LA LOI. — APPRÉCIATION DES JUGES.

Quelle étendue doit avoir un communiqué?

Il appartient au tribunal d'apprécier, d'après l'état actuel de l'imprimerie, s'il y a impossibilité matérielle pour le gérant d'un journal de publier dans le plus prochain numéro le communiqué qu'il a reçu.

Min. pub. c. Rochefort (la *Lanterne*.)

5 août 1868. — Tribunal correctionnel de la Seine (1).

M. Rochefort est prévenu de n'avoir pas inséré un communiqué (décret du 17 février 1852, art. 19).

5 août 1868, jugement du tribunal correctionnel de la Seine (6e ch.; M. Delesvaux, pr.; M. Blain des Cormiers, subst.)

« Le tribunal, — Attendu qu'aux termes de l'art. 15 du décret du 17 février 1852, tout gérant est tenu d'insérer en tête de son journal les documents officiels, relations authentiques, renseignements, réponses, rectifications, qui lui sont adressés par un dépositaire de l'autorité publique, et qu'on est convenu de désigner sous le nom de *communiqués;* — Que la publication doit avoir lieu dans le plus prochain numéro qui paraît après la réception des pièces; — Que l'insertion doit être gratuite; — Attendu que la loi est muette sur l'étendue que doivent avoir ces communiqués; — Qu'il n'appartient pas aux tribunaux de suppléer au silence de la loi; — Attendu qu'il résulte de l'instruction et des débats que, le 23 juillet 1868, à trois heures de l'après-midi, Rochefort, gérant du journal la *Lanterne*, a reçu de l'autorité compétente un communiqué relatif à la détention de Sandon dans une maison d'aliénés; — Qu'il ne l'a point inséré dans le plus prochain numéro du journal la *Lanterne*, qui a paru le 25 du même mois; — Qu'en l'état actuel de progrès de l'imprimerie, il n'y avait pas impossibilité matérielle de reproduire ledit *communiqué* dans toute son étendue dans ledit numéro du journal la *Lanterne;* — Que

(1) Il n'y a pas eu d'appel.

dès lors, en agissant ainsi qu'il l'a fait, Rochefort a commis la contravention prévue et punie par l'art. 19 précité du décret de 1852, dont il est donné lecture ; — Faisant application dudit article, condamne Rochefort en 50 francs d'amende ; — Fixe à vingt jours la durée de la contrainte par corps et le condamne aux dépens. »

N° 1694.

DROIT DE RÉPONSE. — FORME ET FOND. — APPRÉCIATION DES JUGES.

Toute personne nommée ou désignée dans un journal ou écrit périodique a droit de faire insérer, dans le plus prochain numéro, une réponse dont la convenance en la forme et au fond est laissée à l'appréciation des tribunaux (1re espèce).

Spécialement, *le gérant d'un journal ne peut refuser l'insertion d'une réponse ne contenant rien de blessant pour lui ou des tiers* (2e espèce).

1re espèce. — Thiaudière c. de Villemessant (le *Figaro.*)

7 août 1868. — Tribunal correctionnel de la Seine (1).

M. Thiaudière, homme de lettres, se plaint du refus par M. de Villemessant, de l'insertion d'une réponse à un article du *Figaro*.

7 août 1868, jugement, par défaut, du tribunal correctionnel de la Seine (6e ch. ; M. Delesvaux, pr. ; M. Angot des Rotours, subst.)

« Le tribunal, — Attendu qu'aux termes de l'art. 11 de la loi du 25 mars 1822, les propriétaires et éditeurs de tout journal ou écrit périodique sont tenus d'y insérer, dans les trois jours de la réception et dans le plus prochain numéro, la réponse de toute personne nommée ou désignée dans le journal ou écrit périodique ; — Attendu, néanmoins, qu'il appartient aux tribunaux de décider si la réponse dont l'insertion est requise est convenable dans la forme et dans le fond, et, par suite, si elle doit être insérée ; — Attendu que, dans le numéro du journal le *Figaro* du 3 juillet 1868, de Villemessant, gérant responsable, a publié, à Paris, un article intitulé : « Aujourd'hui, » dans lequel Thiaudière est nommé ; — Que ce dernier avait donc le droit de répondre ; — Que, par exploit du 15 juillet, il a fait sommation à de Villemessant d'avoir à insérer sa réponse, dont il donne le texte, dans les termes et délais de la loi ; — Attendu que cette réponse n'excède en aucun point l'exercice du droit qui lui appartient ; — Qu'en n'obtempérant point à cette demande, le gérant du *Figaro* s'est rendu coupable du délit prévu et puni par l'article précité de la loi de 1822, — Condamne de Villemessant en 50 francs d'a-

(1) Il n'y a pas eu d'appel.

mende, fixe à dix jours la durée de la contrainte par corps; — Dit et ordonne que la réponse de Thiaudière, contenue en l'exploit susindiqué, sera insérée dans le journal le *Figaro*, dans les trois jours de la signification du présent jugement, et ce à peine de 10 francs par chaque jour de retard, pendant un mois, après lequel délai il sera fait droit, s'il y a lieu; — Le condamne, en outre, aux dépens pour tous dommages-intérêts. »

2e espèce. — Hans c. Mirès (la *Presse.*)
26 août 1868. — Tribunal correctionnel de la Seine (1).

M. Hans, secrétaire du journal l'*Epargne*, se plaint d'un refus d'insertion d'une réponse adressée à M. Jules Mirès, gérant de la *Presse.*

26 août 1868, jugement, par défaut, du tribunal correctionnel de la Seine, (M. Delesvaux, pr.; M. Blain des Cormiers, subst.; M. Leroux, avocat) :

« Le tribunal, — Attendu qu'aux termes de l'art. 11 de la loi du 25 mars 1822, toute personne nommée ou désignée dans un journal a le droit de réponse; — Attendu que dans le numéro du journal la *Presse*, Hans a été nommé et désigné; que, dès lors, le droit de réponse lui appartient; — Attendu que, par exploit de Janvier, huissier à Paris, en date du 25 juillet, Hans a fait sommation à Mirès d'avoir à insérer sa réponse, contenue audit exploit; — Attendu que cette réponse, dans la forme, ne contient rien qui puisse blesser les susceptibilités de Mirès; qu'elle ne contient, non plus, ni assertions ni allégations de nature à blesser des tiers; — Attendu que Mirès a commis la contravention prévue et punie par l'article susénoncé de la loi du 25 mars 1822; — Attendu qu'un dommage a été causé à Hans, dont il lui est dû réparation, — Dit et ordonne que dans trois jours Mirès sera tenu d'insérer dans le journal la *Presse* la réponse de Hans, faute de quoi, le condamne en 25 francs d'amende par chaque jour de retard; le condamne en 50 francs d'amende et aux dépens pour tous dommages-intérêts. »

N° 1695.

PRESSE. — EXCITATION A LA HAINE ET AU MÉPRIS DU GOUVERNEMENT. — ÉLECTIONS. — CANDIDATURES OFFICIELLES. — CRITIQUE.

Est coupable d'excitation à la haine et au mépris du gouvernement, le journaliste qui, excédant le droit de discussion, impute au gouvernement, de mauvaise foi et contrairement à la vérité, d'employer pour la réussite de certaines candidatures les moyens les plus odieux, tels que le recours à la force armée, la violation du domicile des citoyens,

(1) Il y a eu appel sur lequel il a été statué le 28 janvier 1869.

l'attentat à leur liberté et la menace pour leur existence (1re espèce). *Ne se rend pas coupable de ce délit, l'auteur d'une brochure qui, dans l'intérêt de sa candidature au Corps législatif, examine les votes des députés qu'il aspire à remplacer, et critique d'une façon amère et même acerbe des lois ou des actes de l'administration* (2e espèce).

1re espèce. — Min. pub. c. Pasquet (l'*Electeur*.)

5 septembre 1868. — Tribunal correctionnel de la Seine (1).

5 septembre 1868, jugement du tribunal correctionnel de la Seine (6e ch.; M. Lancelin, pr.) :

« Le tribunal, — En ce qui touche Pasquet : — Attendu que Pasquet, gérant du journal l'*Electeur*, imprimé et publié à Paris, a inséré dans le numéro de ce journal du 6 août 1868 un article relatif à certains faits qui se seraient passés à Nîmes et à Alais, à l'occasion de l'élection d'un membre au Corps législatif, ledit article commençant par ces mots : « Les événements de Nîmes et d'Alais, » et finissant par ceux-ci : « en faveur de la première victime du droit de réunion ; » — Attendu que, dans un passage, Pasquet écrit que « ce n'est plus assez des préfets, des maires et des gendarmes, ce sont maintenant les piquets d'infanterie qui viennent, la baïonnette au canon, à la rescousse du candidat officiel : » — Que, plus loin, il dit : « Est-ce qu'il est dans les desseins du gouvernement de traiter l'inviolabilité du domicile comme il a traité le secret des lettres ? » — Qu'il ajoute, en parlant du gouvernement : « Espère-t-il, par hasard, combler les déficits du budget au moyen des amendes que paie la presse, racheter l'expédition du Mexique et modérer l'Allemagne, en incarcérant des journalistes et en poursuivant des candidats ? La force serait-elle donc le dernier comme le premier mot de certains pouvoirs ? » — Qu'il termine par les expressions suivantes : « Pour nous, devant cette élection tachée de sang, radicalement nulle, devant cette violation d'une loi qui est l'œuvre du pouvoir lui-même, devant un arbitraire qui persiste en toutes circonstances et qui menace, tantôt la liberté, tantôt la vie des citoyens, nous éprouvons le besoin de protester, au nom du droit, au nom de la loi ; » — Attendu que, dans ces passages, et dans l'ensemble dudit article, Pasquet impute formellement au pouvoir d'employer, pour la réussite de certaines candidatures, les moyens les plus odieux, tels que de recourir à la force armée, de déchirer la loi, de violer le domicile des citoyens, d'attenter à leur liberté et de les menacer même dans leur existence ; — Attendu que ces imputations, faites de mauvaise foi et contrairement à la vérité, excèdent le droit de discussion ; — Attendu que par la publication incriminée, faite sans autre

(1) Il n'y a pas eu d'appel.

but que le dénigrement et l'agitation, Pasquet s'est rendu coupable du délit d'excitation à la haine et au mépris du gouvernement ; — En ce qui touche Vallée : — Attendu que Vallée s'est rendu complice du délit commis par Pasquet en l'aidant, avec connaissance, dans les faits qui l'ont préparé, facilité et consommé, et ce, en imprimant le numéro du journal l'*Electeur* qui fait l'objet de la poursuite ; — Pour quoi, faisant aux deux prévenus, chacun en ce qui le concerne, application des dispositions des art. 4 du décret du 11 août 1848, 59 et 60 du C. pénal, — Condamne conjointement et solidairement, savoir : Pasquet en 1,000 fr. d'amende, Vallée en 200 fr. d'amende ; — Fixe la durée de la contrainte par corps, savoir : à l'égard de Pasquet, à 6 mois ; à l'égard de Vallée, à 60 jours, — Condamne les prévenus solidairement aux dépens. »

2e espèce. — Min. pub. c. Lechevalier, Davyl et Robert.
25 novembre 1868. — Tribunal correctionnel de la Seine (1).

M. Lechevalier, éditeur, M. Davyl, imprimeur, et M. Robert, auteur d'une brochure intitulée : *Aux Electeurs de la Haute-Loire ; la Politique de nos deux députés*, sont prévenus d'excitation à la haine et au mépris du gouvernement.

25 novembre 1868, jugement du tribunal correctionnel de la Seine (6e ch. ; M. Vivien, pr. ; M. Aulois, subst. ; Mes Georges Coulon et Ribot, avocats) :

« Le tribunal, — Attendu que Lechevalier, éditeur, a édité, mis en vente et par conséquent publié, à Paris, en 1868, une brochure intitulée : *Aux Electeurs de la Haute-Loire ; la Politique de nos deux députés*, laquelle ne porte pas le nom de l'auteur, ni l'indication du prix de vente, mais contient ces mots, placés sur la couverture : « Armand Lechevalier, libraire-éditeur, 6, rue Richelieu ; » — Attendu qu'il résulte, en effet, de l'instruction et des débats, qu'en septembre dernier, l'auteur de cette brochure s'est adressé à Lechevalier ; que ce dernier lui a conseillé d'aller trouver Poupart-Davyl, son imprimeur, et l'a invité à lui apporter ce qu'on appelle, en termes d'imprimerie, un placard, afin d'en prendre connaissance ; — Que, Lechevalier, après la lecture de ce placard, ayant indiqué des passages qui lui paraissaient trop vifs, la brochure a été mise en pages et tirée à douze cents exemplaires, dont cinquante seulement ont été remis à Lechevalier pour les vendre aux personnes qui se présenteraient à sa librairie, l'auteur ayant emporté les autres exemplaires pour les distribuer lui-même dans la Haute-Loire ; — Que de ces faits et de l'indication sur la brochure de Lechevalier comme éditeur, il résulte bien la preuve qu'il a édité et publié cet écrit ; — Attendu que Robert et Poupart-

(1) Il n'y a pas eu d'appel.

Davyl reconnaissent, le premier qu'il est l'auteur de la brochure, le second qu'il l'a imprimée; — Attendu que Robert a voulu poser sa candidature, pour les élections prochaines, au Corps législatif, soit dans la circonscription de M. de Latour-Maubourg, soit dans celle de M. de Romeuf, députés actuels de la Haute-Loire ; — Que pour arriver à son but il s'est livré à l'examen de leurs votes au Corps législatif, et que, leur reprochant un éternel assentiment, dit-il, à la politique du gouvernement et aux lois portées à la chambre élective, il termine le paragraphe 12 par ces mots, s'appliquant aux deux députés : «...prêts à baillonner tout ce qui parle, tout ce qui pense, tout ce qui s'agite, tout ce qui demande à être libre ; » — Attendu que telle est l'origine de la brochure ; que dans sa lecture entière on y voit une compétition à la députation ; que pour briguer son élection, l'auteur cherche à discréditer les députés actuels, et ne trouve pas d'autre moyen d'arriver à ce résultat que de critiquer leurs votes, ce qui le conduit à parler dans un style emphatique, mais non sans une certaine amertume, de l'administration de M. le préfet de la Seine et des lois qui ont été votées, notamment de celle sur l'armée ; — Attendu que la pensée entière de l'auteur, qui écrit que : « Rien n'est perdu, sauf l'honneur, » est dans ces derniers mots : « Espérons encore ; cet homme se prépare à voter, » l'auteur espérant pour lui-même la députation ; — Que, dans ces circonstances, l'intention d'exciter à la haine et au mépris du gouvernement n'est pas suffisamment caractérisée ; que la critique amère, et même acerbe, qu'on peut reprocher à l'auteur, au point de vue de la prévention, n'a été, dans son esprit, que tout à fait secondaire, et d'ailleurs stérile et sans portée dans la Haute-Loire, où la brochure a été distribuée ; que les exemplaires laissés à Paris sont encore aux mains de l'éditeur, — Renvoie tous les prévenus des fins de la poursuite, sans dépens, »

N° 1696.

PRESSE. — JOURNAL NON CAUTIONNÉ. — MATIÈRES POLITIQUES.

Il n'appartient pas au journal non cautionné de traiter de matière politique par voie de critique des actes du gouvernement et de l'administration et par l'exposé de théories politiques (1re espèce), *ou par une espèce de manifeste politique* (2e espèce).

1re espèce. — Min. pub. c. le *Hanneton.*
10 juillet 1868. — Tribunal correctionnel de la Seine (1).

Le gérant du journal le *Hanneton* est prévenu d'avoir traité dans ce journal de matières politiques, sans avoir déposé un cautionnement.

(1) Il n'y a pas eu d'appel.

10 juillet 1868, jugement du tribunal correctionnel de la Seine (6e ch.) :

« Le tribunal, — Attendu que, dans le journal le *Hanneton* du 1er juillet 1868, Louis Ariste, gérant, a publié à Paris un article intitulé : — « Qué qu'ça m'fait ? » et dont il est l'auteur ; que François Rouge a imprimé ledit numéro ; — Attendu que, dans cet article, l'auteur, à propos d'un fait divers relatif à la grande revue passée par l'empereur au camp de Châlons, et inséré dans plusieurs journaux, est sorti du domaine littéraire, qui seul lui appartient ; — Qu'en effet, il parle des fadaises et des puérilités de l'OEil-de-Bœuf, déclare qu'aujourd'hui il faut d'autres choses, affirme que le peuple est affamé de lumière et de vérité, que le sourire blême des mandarins qui font la roue autour du pouvoir ne l'émeut pas plus que leurs furibonds sourcillements, et que réceptions, bals, promenades, revues, galas, toute la pétillante kyrielle des fêtes et des plaisirs de la cour le laisse froid et rêveur ; car le *peuple ne rit plus ;* que Domitien, Commode, Caracalla, bouffons et bourreaux, l'ont rendu sceptique ; qu'il lui faut désormais le fait accompli, et qu'il y a beau jour, déjà, qu'il ne place plus ses cartes sur le crâne jaune de Bismark ou la moustache hérissée de Victor-Emmanuel ; — Que, dans ledit article, il est donc traité de matière politique par voie de critique des actes du gouvernement et de l'administration et par l'exposé de théories politiques ; — Attendu que le journal le *Hanneton* n'est point cautionné ; — Que, dès lors, Louis Ariste et Rouge (François) ont commis la contravention prévue et punie par l'art. 5 du décret du 17 février 1852 ; — Condamne Louis Ariste en 500 francs d'amende ; Rouge en 300 francs d'amende ; — Dit et ordonne que le journal le *Hanneton* cessera de paraître et les condamne solidairement aux dépens. »

2e espèce. — Min. pub. c. le *Démocrite.*

22 décembre 1868. — Tribunal correctionnel de la Seine (1).

« Le tribunal, — Donne défaut contre Gaittet, non comparant, quoique régulièrement cité ; — Et statuant au fond : — Attendu que Rigault a publié dans le numéro du 10 décembre du journal le *Démocrite*, dont il est le gérant, un article intitulé : *De la tolérance,* portant sa signature ; — Attendu que cet article n'a aucun des caractères d'un article scientifique ou littéraire ; — Que c'est une espèce de manifeste politique, dans lequel l'auteur proclame : — « Que si les athées arrivaient au pouvoir, ils ne devraient accorder aucune tolérance, et qu'ils devraient imposer leurs idées à la manière de la commune de Paris, en 1793, avec Hébert, Cloots et Chaumette ; — Que Robespierre

(1) Il y a eu appel sur lequel il a été statué par arrêt confirmatif du 21 janvier 1869.

a fait guillotiner les hébertistes au nom de la tolérance religieuse ; — Qu'il a été brisé lui-même au nom de la tolérance politique ; — Que le gouvernement de 1848 a usé d'une trop grande tolérance vis-à-vis d'une certaine partie de la population ; que cette tolérance a amené la chute de la République et l'élection du 10 novembre ; — Que si ceux qui professent ses opinions politiques devenaient les plus forts, il faudrait qu'ils appliquassent les principes des hébertistes, » qu'il rappelle en ces termes : Ecoutez ce que disait Hébert : — Ce n'est pas au milieu de la mêlée qu'il faut demander une suspension d'armes ; ce n'est pas au parti le plus fort, à celui de la justice et de l'égalité, à céder le champ de bataille à celui du brigandage et de la tyrannie. La raison est aux prises avec le mensonge, le vice avec la vertu, la probité avec le crime. Riches égoïstes, vous avez engagé la danse, eh bien ! vous payerez les violons, le combat est commencé ; c'est un combat à mort, nous allons voir comment vous en sortirez. Braves sans-culottes, plus de faiblesse, plus de pitié pour les lâches qui vous ont abandonnés ou trahis. Saisissez la balle au bond. Si vous ne portez pas le dernier coup à l'aristocratie, vous allez lui voir bientôt encore lever sa tête hideuse. Le combat à mort entre les hommes du peuple et les ennemis du peuple est engagé, il ne peut finir que l'orsqu'un des deux partis aura anéanti l'autre. Il faut sauver la République, et pour la sauver, il faut faire justice en braves sans-culottes. Ne jetez pas le manche après la cognée ; ceux qui prêchent la modération sont vos plus grands ennemis. Il n'y a plus à reculer, il faut que la révolution s'achève ; un seul pas en arrière perdrait tout. » — Qu'il termine par la phrase suivante, adressée à ses adversaires politiques et qui prouve bien que ce n'est pas un article simplement littéraire : — « Tout le monde prêche la tolérance, mais personne ne l'exerce... Nous aimons mieux être francs et dire que nous ne la demandons pas plus que nous ne sommes prêts à la donner à nos ennemis. » — Attendu que les propriétaires du journal le *Démocrite* n'ont fourni aucun cautionnement ; — Qu'en publiant dans ce journal l'article dont il s'agit, Rigault a commis là contravention prévue et punie par les art. 3 et 5 du décret du 17 février 1852 ; — Attendu que Gaittet a imprimé ledit numéro dudit journal ; — Qu'aux termes de l'art. 5 dudit décret, il est solidairement responsable avec Rigault de la contravention ; — Les condamne, savoir : Rigault à trois mois de prison et 100 fr. d'amende ; Gaittet à un mois d'emprisonnement et 1,000 fr. d'amende ; — Dit que le journal le *Démocrite* cessera de paraître ; prononce la confiscation des exemplaires saisis et de ceux qui le seront par la suite ; — Ordonne l'exécution provisoire du présent jugement, en ce qui touche la suppression, par application de l'art. 13 de la loidu 11 mai 1868. »

AVIS

A la demande de plusieurs abonnés, nous avons réuni tous les arrêts rendus par la Cour de Paris, en matière de presse, depuis la loi du 11 mai 1868 jusqu'au 1er janvier 1869. — Nous y avons joint presque tous les jugements rendus par le tribunal correctionnel de la Seine.

TABLE DES MATIÈRES.

TABLE DES ARRÊTS.

Chambre correctionnelle.

Tribunal correctionnel de la Seine.

Rejet.

Cassation.

PARIS. — IMP. DE VICTOR GOUPY, RUE GARANCIÈRE, 5.

Le Gérant,
V. GOUPY.

www.ingramcontent.com/pod-product-compliance
Ingram Content Group UK Ltd.
Pitfield, Milton Keynes, MK11 3LW, UK
UKHW020244220726
13923UKWH00002B/817

9 782019 629526